おとな48手

心と体にやさしいメソッド

48 methods of love from legendary actor

田淵正浩

アスコム

*ゆるゆるの唇で相手を溶かす「脱力キス」

*「大切な存在」と伝える「愛撫《あいぶ》脱がし」

*プロも実践する「仙骨《せんこつ》責め・恥骨《ちこつ》責め」

*おとなのおっぱい攻略術「乳首はじき」

*クリの大きさで変える「大小《だいしょう》クリいじり」

*女性器愛撫の基本形「キツネ指手マン」

*20分でもなめ続けられる「骨盤クンニ」

*名も無き性感帯「骨愛撫《ほねあいぶ》」

*相手の願望を見抜く「鸚鵡《おうむ》返し」

＊楽になめ合う「横向きシックスナイン」
＊絶頂ポイント「ＧＰエリア」
＊重力と親和した楽ピストン「ゼロポジション正常位」
＊膣《ちつ》も悦《よろこ》ぶ「省エネ騎乗位」
＊中折れ知らずの「つぶれバック」
＊１秒で突き、１秒で抜く「低速ピストン」
＊膣圧《ちつあつ》アップの秘技「着衣締め」
＊羞恥心を刺激する「焦《じ》らしアナル」
＊ご無沙汰《ぶさた》解消「なかよしマッサージ」etc.

もう一度
最高に気持ちいい
セックスを
楽しみたいあなたへ
「おとな48手」へようこそ

体力無し、サイズ小さめでも30年間で8000人とセックス

みなさんこんにちは。僕は田淵正浩、現役生活30年を迎えたＡＶ（アダルトビデオ）男優です。現在52歳。一般的には男性が更年期を迎える年代で、衰えを感じてきてもよいはずですが、**セックス中に体力や精力の不安を覚えたことはありません。**

それどころか、いまでも年に１２０以上の現場をこなし、一日に複数の女優さんと手合わせをすることも珍しくありません。男優が勃起《ぼっき》するのを待つ「勃《た》ち待ち」とも無縁。むしろ、古い仕事仲間からは「昔より勃ちがいい」と言われ、監督の「あと30秒！」の合図とともに、数秒の誤差で射精することもできます。

こう聞いたあなたは、僕のことを若い頃から精力絶倫で、セックスが大好きで、毎晩のように女性をよろこばせてきた生まれつきの強者だと思うでしょうか。

実は、僕はもともと体力があったわけではありません。むしろ、ひ弱で内気な、平凡な人間でした。そもそも、僕がAV男優の仕事をはじめたのは、アルバイト先の先輩にAV男優になった方がいて、強引に誘われたからです。

その頃は、**ペニスのサイズも小さく、1回の射精でヘトヘトになってしまう体たらく。コンプレックスのかたまりでした。**

監督には怒鳴られるし、女優さんもいまと違ってプロ意識のない方ばかり。毎日ツラくて、辞めることばかり考えていましたね。

しかし、そんな逆境が僕に**「どうすれば人並み以上にできるのか」**を考えさせ、平均して約一日に1人、トータルで8000人以上の女性とセックスをする生活を続けさせているのだから、不思議なものです。

同期だったチョコボール向井や、先輩だった加藤鷹《たか》さんも引退し、気が付けば業界の最古参。いつからか僕は「レジェンド男優」と呼ばれるようになり、ありがたいことに、今でも毎日現場で汗を流させていただいています。

ひとつ、僕のセックス理論の大きな価値を申し上げるなら、それは、**30年の現役生活で、AV業界の「演出」を知り抜いていること**でしょう。

たとえば、多くの男優が行なう「高速ピストン」や「高速手マン」。あれは、映像を派手に見せるための演出です。女性の準備が十分に整ってからでなければ、痛みしかありません。また、男優が大声で「気持ちいい⁉」「どこがいい⁉」と聞いているのは、小声だと音声が拾えないからです。営みの最中の会話であれば、聞こえるかどうかのかすかな声で耳元でささやくほうが、はるかに淫靡《いんび》で刺激的です。

服の脱がせ方、愛撫《あいぶ》の仕方、アフターケアまで、AVにはすべて「見せる（抜かせる）」ための演出があり、それを本当と思い込んでいる人が少なくありません。

僕はあなたに「本当のセックス」を知ってほしいと願っています。

だからこそ、この本では「演出」を排除し、暴き、僕が30年間で培ったセックスのメソッドをあますところなく盛り込みました。僕の職業人生そのものをお伝えすると言ってもよいでしょう。

人気AV男優が勢ぞろいした特撮ヒーロー連続ドラマ「マグマイザー」の仲間たちと。田淵氏はまとめ役として出演。得意技は「田淵式側位」。

2016年「AVオープン」にて男優賞を受賞した際に、舞台裏で自撮り。

レギュラー出演中のネット番組「氏神一番のこれしかない!」収録後に、共演者の山岸逢花さんと2ショット。

2019年5月には、現役30周年記念イベントを開催。連日大勢のファンが訪れ、交流を楽しんだ。

誰でも、今日から実践できて
すぐに効果の表れるセックス理論

あなたは、「最高に気持ちいいセックス」をしていますか？
あるいは、「最高に気持ちいいセックス」を最後にしたのはいつですか？

僕に限らず、いまは「生涯現役」がキーワード。
実際、60代以降の男性の約8割、女性の約7割がセックスに積極的、という調査報告もあります。いくつになってもセックスを楽しみたい、エロ心を忘れず、身も心も健康でいたいという人は想像以上に多いのです。

しかし一方で、**ED、中折れ、遅漏《ちろう》、腰痛、女性であれば乾きによる性交痛など、体力・性機能の衰えは、待ったなしにやってきます。**そして、それらが引き金になって生じる、セックスレスの問題。

セックスは楽しみたいけれど、若い頃と同じようにはできない。やる気を体が裏切ってしまうジレンマをたくさんの中高年が抱えています。

より深刻なのが、心理的な負担です。

「相手を満足させられない」「最後まで続けられない」「どうせ今回も無理だろう」。

自信を失い、男（女）としてのプライドからセックスレスが加速してしまう悪循環。

僕はAV男優として活動するかたわら、中高年を対象とした性セミナーで講師をしています。さまざまな年代、バックグラウンドの方が集まりますが、切実な悩みを耳にするたびに、

「僕の培った技術を、もっと多くの人たちにお伝えできないか？」

「そうすれば、みなさんが人知れず抱えている悩みをすぐに克服できるのに！」

と強く願うようになりました。

そう、**僕はあなたにもう一度、「最高に気持ちいいセックス」を楽しんでいただきたいのです**。それが本書『おとな48手』を世に送り出そうと思ったきっかけです。

僕の理論を「48手」としてまとめる際に、ひとつだけ注意したことがあります。それは、**誰にでも、簡単に、今日から実践できて、しかも効果がすぐに表れること**です。たとえば、EDや中折れの解決策としてよくいわれるのは、規則正しい生活を送り、栄養バランスに心がけ、適度な運動をし、ストレスなく暮らすこと。もちろん、それは完全に正論ですが、「それができれば苦労しない」と思ったことはありませんか？

僕の「48手」は、撮影現場で何度もピンチを迎え、失敗し、そこから生み出していった**実戦と即効性のメソッドです。エビデンス（証拠）は、僕自身。**

そんな僕の理論には、「ゼロポジション」という大きな柱があります。

ゼロポジションとは、地球の重力に逆らわないポジションのことです。セックスでゼロポジションを実践するには、骨を主体にした動きをすることが重要になります。筋肉を極力使わないので、疲労度は軽くなります。

前述の通り、僕には体力がなく、一般的な体位でさえ、続けるのがつらい時期がありました。そこで、なかば職業的な必要性から、体に負荷がかからず、それでいて自分も相手もしっかり気持ちよくなれるような体位を研究し続けた結果生まれたのが、「ゼロポジション体位」なのです。

さらに、コミュニケーション術や健康理論、運動学（僕は健康指導士としても活動しています）などを取り入れて構築したのが、本書『おとな48手』です。

僕は、これらの「手」を実践することで、はるか歳下の若い女優さんから「また田淵さんと仕事をしたい」と指名されることが多くなりました。**プロの女優さんにも効果があるのだから、一般の方にはなおさらでしょう。**

地球と体が垂直になる
田淵式「ゼロポジション体位」

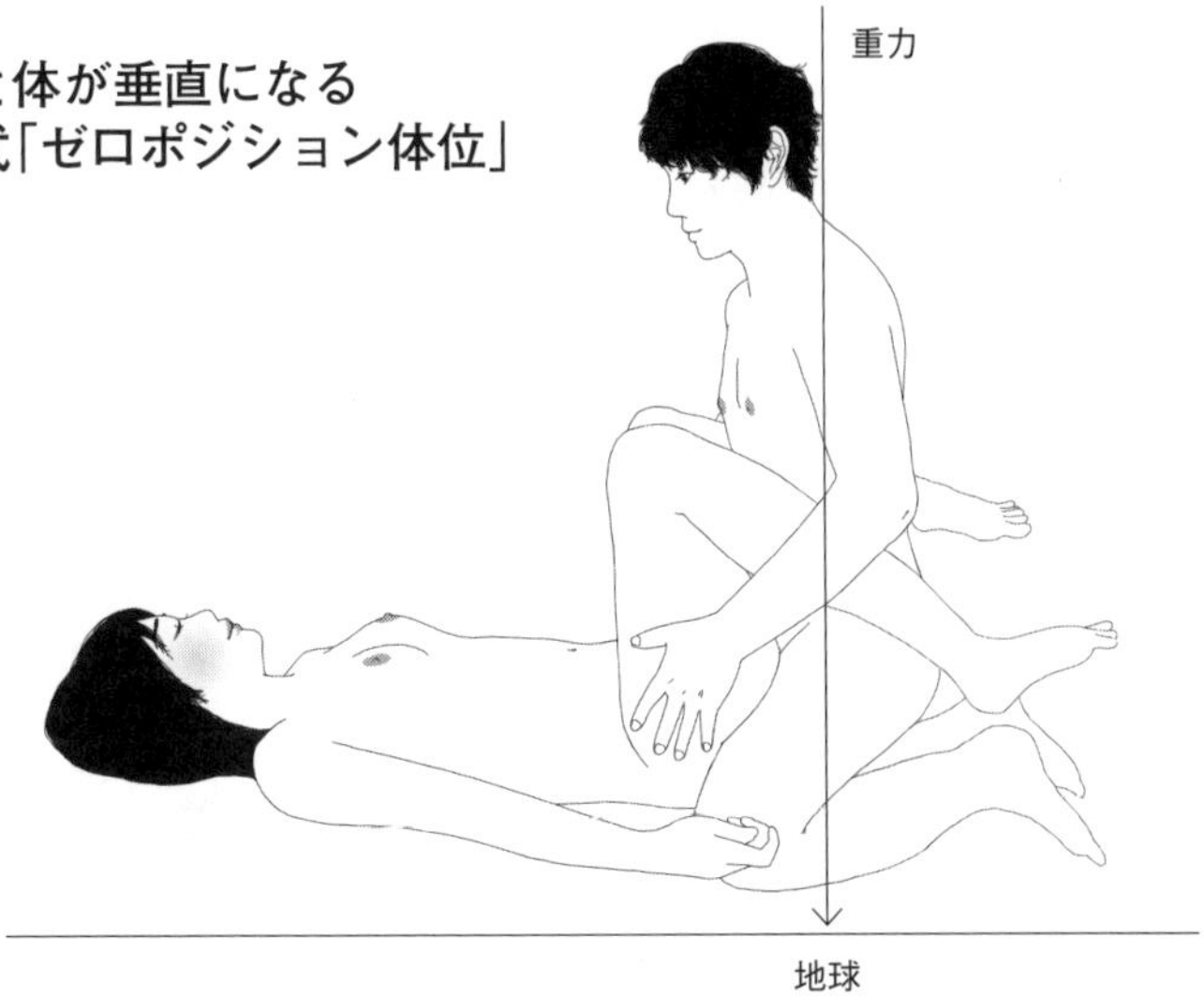

あなたの セックスを変える ＊＊＊ 「おとな48手」

1手 愛撫脱がし

2手 脱力キス

3手 二種のタッチ

4手 仙骨責め・恥骨責め

5手 超絶ウィスパー

6手 乳首はじき

7手 大小クリいじり

8手 キツネ指手マン

9手 骨盤クンニ

10手 舌と唇・世界一周

11手 横向きシックスナイン

12手 骨愛撫

13手 鶺鴒返し

14手 20分後のムチ

15手 萎え知らず

16手 GPエリア

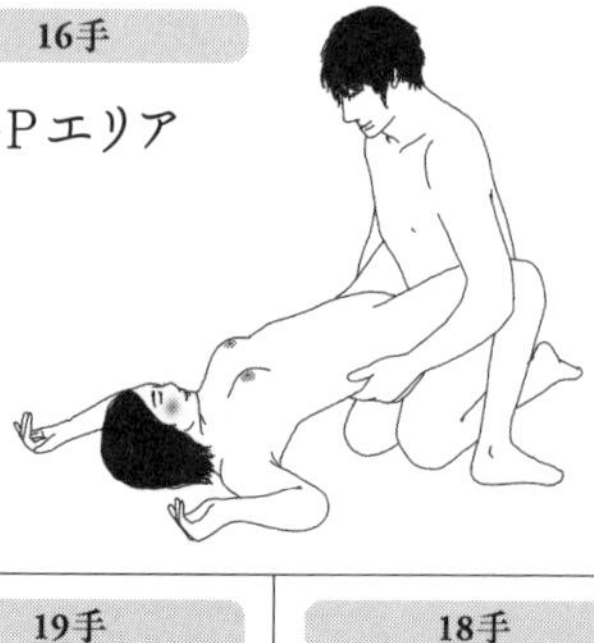

17手 ゼロポジション正常位

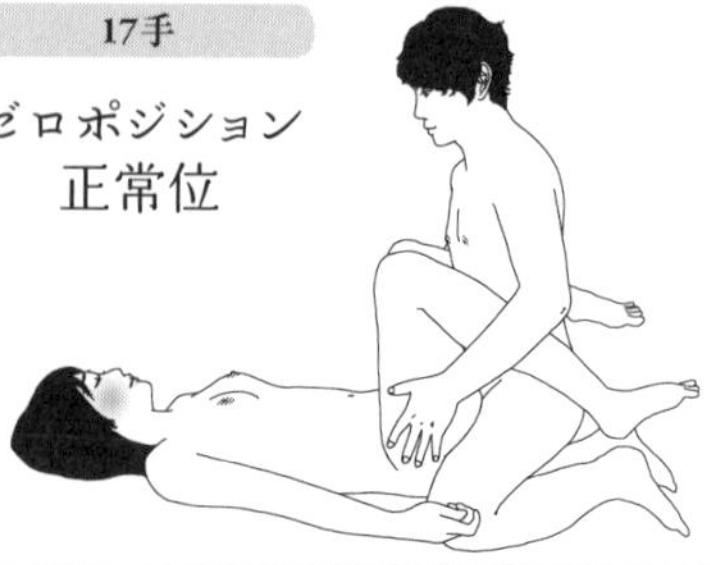

18手 肘つき正常位

19手 田淵式側位

20手 省エネ騎乗位

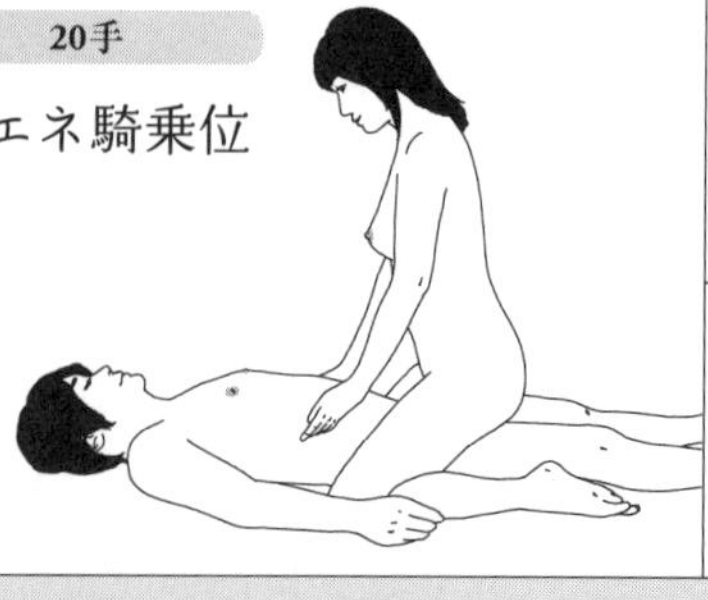

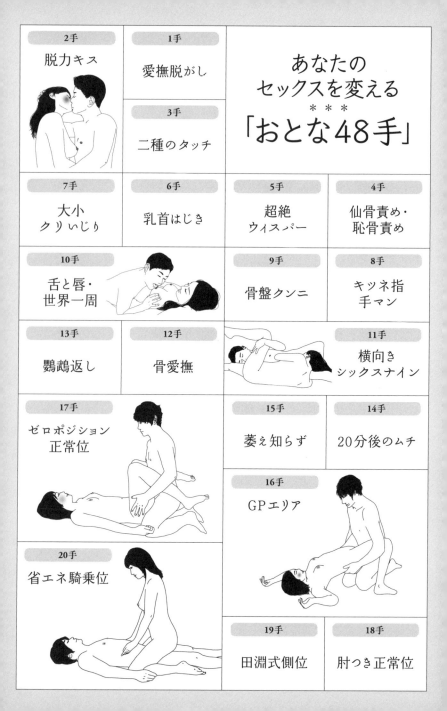

21手
つぶれバック

22手
抜かずの体位変え

23手
背面倒れ

24手
低速ピストン

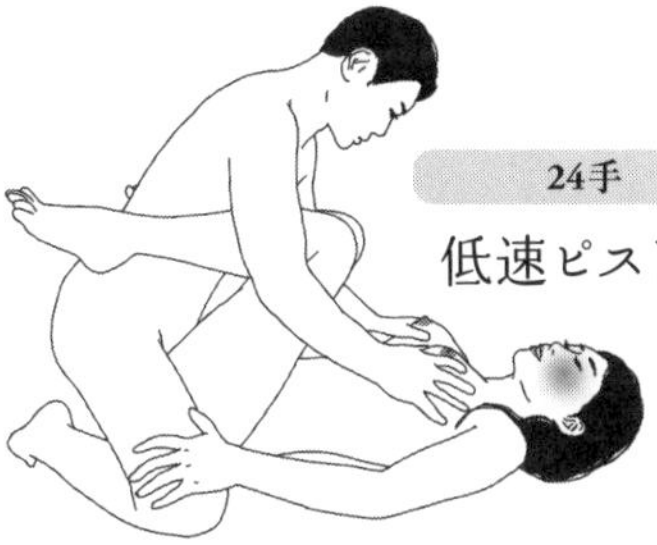

25手
鼻呼吸コントロール法

26手
メクンニ・メ手マン

27手
愛情クールダウン

28手
潤い馬油

29手
挿入許可

30手
イッてるサイン

31手
仙骨さすり・恥骨プッシュ

32手
中折れ応急処置

33手
着衣締め

34手
足裏粗塩もみ

35手
あんしん勃起不全治療薬

36手
使える精力剤

37手
大人のおもちゃ

38手
初めてごっこ・着衣セックス

39手
ネクタイ緊縛

40手
ロウソク滝流し

41手
焦らしアナル

42手
日常脱却ラブホ

43手
語尾上げあいさつ

44手
なかよしマッサージ

45手
見た目改善3習慣

46手
口臭ケア・オリーブオイル消臭

47手
アンダーヘアカット

48手
事前予約制セックス

WHOも認めたセックスの健康効果「おとな48手」で人生を楽しもう

仕事仲間はもちろんのこと、**僕のまわりでセックスを楽しんでいる人たちは、肌の色ツヤもよく、生気に満ちあふれて、実年齢より若く見えることがほとんど。**いくつになっても健康で、心の底から人生を楽しんでいます。

セックスを通じてパートナーとより深い信頼関係を築ければ、精神的な安定につながり、愛情あふれる毎日がもたらされます。

特に男性は、セックスで自信を回復することができます。

セックスが人間の健康にもたらすプラスの効果は、世界的に注目され、人生100年時代のスタンダードな考え方になりつつあります。**実際、WHO（世界保健機構）は、性に関して身体的、情緒的、精神的、社会的に良好な状態を「性の健康（sexual health）」と定義**し、多くの欧米の研究者が、高齢者の健康をセックスと結びつけて論文を発表しています。
そう、あなたが「セックスを楽しみたい」と思うのは、世界も認める権利なのです。自分は健康なのだと、ぜひ胸を張ってください。

この本では、優先して取り入れるべき手がどれなのか、ひと目で分かるようにするために、**48手のすべてに「解消できる悩み」を明記しました**。ただし、一番大切なのは「試してみたい」という気持ちです。あまり深く考えず、**ピンときたものは片っ端からトライ**していってください。もちろん、**年齢や体力に合わせて、無理をしないことを忘れずに**。そうすれば、あなたに最適の1手が必ず見つかります。

縁あって、僕の思いを形にした本書を手にとってくださったあなた。
セックスで自信を取り戻し、見た目も若々しく、健康に人生を楽しみましょう。

田淵正浩

自分だけ？ みんな同じ？

リアルなおとなのセックス事情

アンケートでわかった

中高年が直面するセックスの悩みを知るべく、
50代〜70代の男性100名にアンケートを実施。
そこから見えてきたのは、さまざまな問題に直面しながら、
セックスへの希望を失っていない人たちの姿です。
本書で紹介する「おとな48手」が、必ず、あなたのお役に立つはず！

「中折れ」こそ約半数を悩ます最強の敵

Q. 年齢とともに、セックスでつらくなったことは？

1位 中折れ……47%
2位 息切れ、スタミナ不足……22%
3位 腰痛……8%
4位 ED……8%
5位 ピストンが疲れる……6%

その他……性欲減退、マンネリ、相手がいない、２回戦ができないetc.

今回のアンケートで、最も同じ回答に集中したのがこの設問。挿入してフィニッシュしたいのに、勃起が持続せず、あえなく断念するというシナリオにやるせなさを感じている中高年は、やっぱり多かった。「そもそもセックスに興味がなくなった」、という性欲減退組もいることはいるが、多数派は、「セックスしたいのに満足にできない」という人たちだ。

半数以上が月イチセックス
一方で、セックスレス長期化の傾向も

Q. あなたがセックスする頻度は？

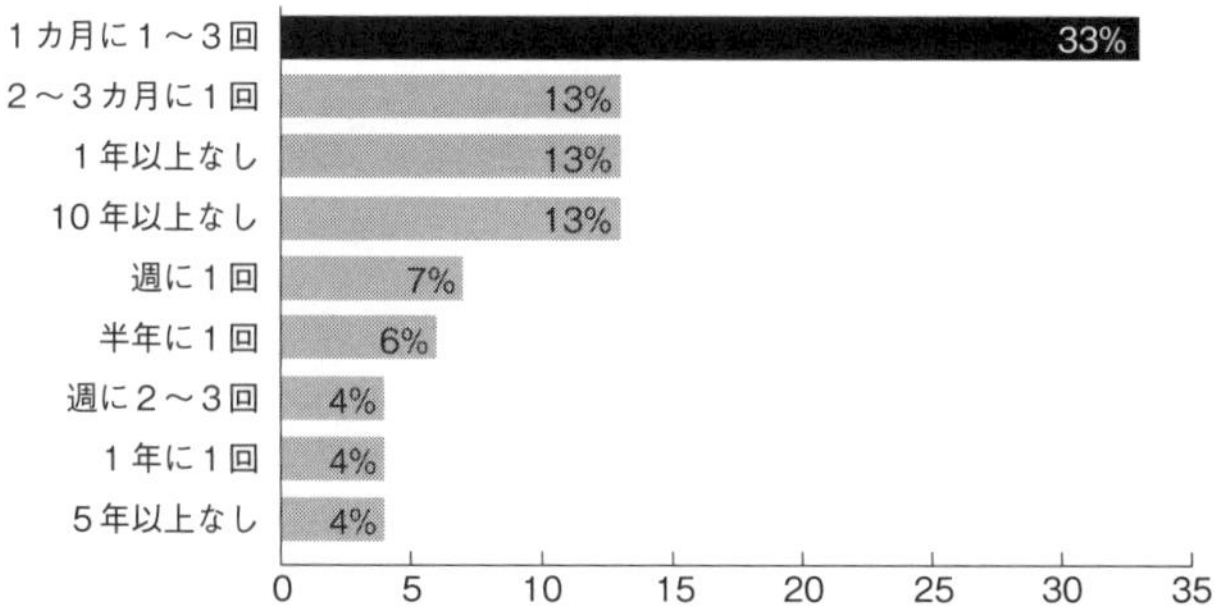

回答者に60代、70代も含まれることを考えれば、半数近くが1カ月に1回はセックスをしているという結果には希望が持てる。一方で、およそ3分の1が1年以上関係のないセックスレス状態で、中には20年以上関係がない夫婦も。「いまさら誘えない」という声も多く、ぜひ本書の第4章を活用してほしい。

騎乗位人気が急上昇

Q. あなたの好きな体位は？

バック、正常位、騎乗位でほぼ100%。しかし、「年を重ねるにつれて、騎乗位が好きになった」という意見や、「正常位がキツくなった」という声が多く、年齢とともに正常位から騎乗位へ移行する人が多いとわかった。本書では、"疲れにくい正常位"も紹介しているので、ご安心を！

ED、中折れ対策は精力剤がトップ

Q. ED、中折れ対策としてしていることは?

多い回答から順に①精力剤、②ストレッチや軽い運動、③勃起不全治療薬、④サプリメントの順。運動を取り入れている健康派が2位につけるなど、真面目に取り組んでいる人が多い。他には、「オナニーを我慢」という古典的な方法を取る人も。

既婚男性の約半分は不倫に活路を見出した!?

Q.（既婚男性へ）不倫をしたことは？

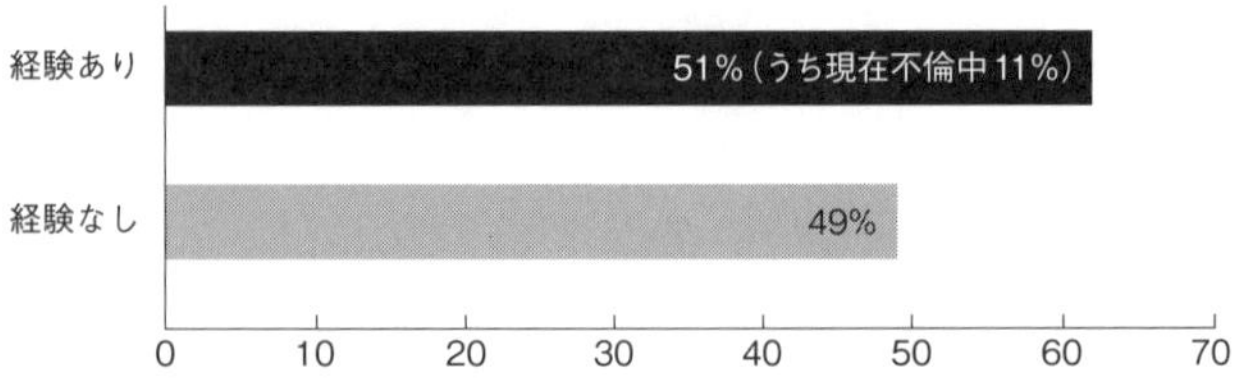

既婚男性のうち、半数以上が不倫をしたことがあるという結果に。妻以外とのセックスがまだまだタブーな日本と思いきや、今どきの中高年は、積極的にセックスパートナーを探しているようだ。ちなみに、未婚男性の中にも、既婚女性と付き合ったことのある人が約半数いた。

年齢とともに「アブノーマル」と「スローセックス」に二極化!?

Q. 年齢とともにセックスで変化したことは？

いろいろな回答が寄せられたが、「SMへの興味が出た」などの「アブノーマルに目覚めた」派と、「挿入にこだわらなくなった／前戯を楽しむようになった」などのスローセックス派が二大派閥。中高年になっても、性への探求心は尽きない。

未婚男性の約半数がセフレ持ち

Q.（未婚男性へ）現在セックスのパートナーはいますか？

未婚の男性の半数以上となる55%に、定期的にセックスをするパートナーがいるという結果に。月に1回〜2回のペースで会っている人が多い。本書では「パートナーと出会うチャンスがない」と悩む人のために、出会いの方法も紹介している。

本当に大切なのは女性の声！

50代〜60代の女性50人にアンケートを実施。

Q. 年齢とともに、セックスでつらくなったことは？

1位 アソコの乾き …… 33%

2位 疲れやすくなり、面倒 …… 23%

3位 夫のED、中折れ …… 20%

＊1位の回答者のうち、7割以上がゼリーなどの潤滑剤を使って対策をしている。

Q. セックスの相手の理想の年代は？

1位 50代・60代 …… 43%

2位 40代 …… 23%

3位 20代・30代 …… 20%

＊同世代か、やや年下の相手を求める女性が多数。男性ほど若さを求めていない。

Q.（既婚女性へ）不倫をしたことは？

1位 経験なし …… 63%

2位 経験あり …… 37%

＊男性に比べると少ないが、4割近くの既婚女性は不倫経験あり。

Q. 年齢とともにセックスで変化したことは？

1位 興味がなくなった …… 48%

2位 性欲が強くなった、積極的になった …… 38%

その他……思いやりが持てるようになった、クンニが好きになった、開放的になったetc.

＊4割近くが「性欲が強くなった」といううれしい回答。妊娠の心配がなくなることも後押ししている。

Q. あなたのセックスのパートナーは？

＊既婚女性の相手はほぼ夫で、夫以外のパートナーがいるのはごくわずか。ただし、未婚女性の半数以上にセックスフレンドがいた。

おとな48手 心と体にやさしいメソッド ◉ 目次

第2章
不完全燃焼なセックスを解消！「本番」の手

第5章 セックスをさらに楽しむために

第1章
おとなの本領発揮!「前戯」の手

セックスレス　マンネリ化

1手

愛撫《あいぶ》脱がし

丁寧に脱がせて「大切な存在」をアピール 女性は信頼してはじめて自分を開放する

女性が肌を露わにするのは、信頼できる特別な相手にだけ。服を脱がせるときから「大切に扱っている」ことをしっかり伝えて、頻繁に愛し合っていた頃の信頼を取り戻しましょう。「この人とならセックスしてもいい」と思わせるのが肝心です。

服の脱がせはじめは、立ったままの姿勢が基本。抱き寄せて両手で軽く背中から腰までを愛撫《あいぶ》しながら、その流れでトップスのボタンを外していけるからです。トップスの次にスカートやズボンを脱がせたら、自分も服を脱いでパンツ一枚になります。そこからベッドに誘い、お互いに座った姿勢でブラとパンツを脱がせます。

女性の服を脱がすとき、一番心がけたいのは〝丁寧さ〟。**あせらずに、優しい手つ**

きでゆっくりと脱がせるようにしましょう。

丁寧さをより印象づけるのに効果的なのが、脱がせた服を大事に扱うこと。**脱がせた服は軽く畳んでソファなどに置き、下着はその上に重ねましょう。**特に、高級な服や下着をぞんざいに扱われるのを女性は嫌います。

下着を大事に扱うのは**「あなたの体を丁寧に扱うよ」という男性からの暗黙のメッセージです。**セックスのスタートラインでこうして信頼関係を作れば、どんなに慣れた相手でも、再び新鮮な気持ちで向き合うことができます。

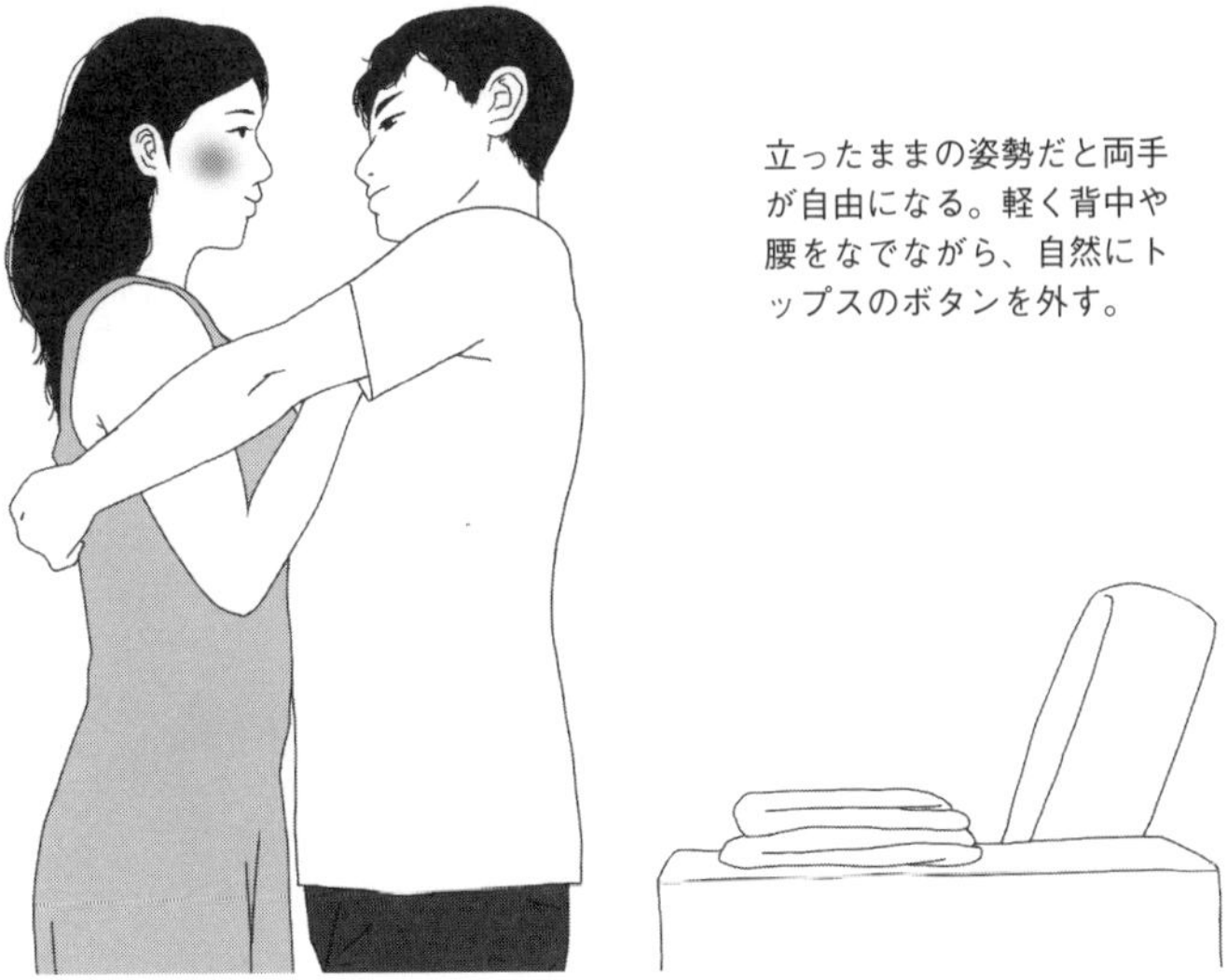

立ったままの姿勢だと両手が自由になる。軽く背中や腰をなでながら、自然にトップスのボタンを外す。

セックスレス

脱力キス

あいさつから唾液《だえき》の交換まで4ステップのキスで攻略

2手

キスはセックスへの入り口です。長年連れ添ったパートナーだからといって、省略したり、雑にしたりしてはいけません。女性の悦《よろこ》びをジワジワ高めるために欠かせない、キスの4ステップをマスターしましょう。

ステップ1 まずは、ごあいさつ。**自分の唇を、相手の唇に軽く触れるくらいの優しさで重ねます。**そのまま1分~2分は、優しいタッチで繰り返し触れるだけにして様子を見ること。いきなりディープキスをするのを女性は嫌がります。

ステップ2 自然に唇が触れている時間が長くなってきます。唇は固く尖らせず、**脱力してゆるゆるにしておきます。**

ステップ3　**軽く舌を入れて様子を見ましょう。**応じてこないときは、深追いをしてはいけません。

ステップ4　ゆっくりとさらに侵入します。舌をからめて、**ゆるゆるの舌の柔らかで心地よい感触を伝えていきましょう。**唾液《だえき》の交換を試してみてもよいですね。

キスのときには、**相手の後頭部に軽く手をあてがい、もう片方の手で背中から仙骨《せんこつ》にかけてさする**と女性は悦びます（↓4手）。

中高年になると、あまりキスをしなくなる傾向があります。加齢で口の中が乾いてくるし、歯周病で口臭がキツくなる人も増えてくるからです。なので、ステップ1で様子を見て、相手が応じてこないときは要注意。自分の口臭を疑い、46手の口臭ケアを試したうえで、再チャレンジしましょう。今度こそ、女性は応えてくれるかもしれません。

最初のステップでは、あいさつ程度に唇を軽く重ねる。

セックスレス　技術不足

3手 二種のタッチ

かすかになでる〝フェザータッチ〟感じるツボを探す〝田淵式タッチ〟

キスをしてムードが次第に高まってきたら、次は愛撫です。ただし、いきなり女性器に手を伸ばすような無粋《ぶすい》なことをしてはいけません。全身へのやさしいタッチで、あせらずに女性の性的興奮を高めましょう。

愛撫は服を脱がせる前から始めます。まずは肌が露出している、手やうなじ、耳たぶ、ひざなどからスタート。**5本の指を伸ばした状態から、力を抜いて軽く曲げ、指の先端が触れるか触れないかくらいのかすかなタッチで、女性の肌をそっとなでます**。羽毛（フェザー）で肌をなでたときのゾワッとした感覚と似ているので、これを**〝フェザータッチ〟**と呼びます。スピードは秒速1センチくらい。ちなみにスローセックスの提唱者・アダム徳永さんの〝アダムタッチ〟は、秒速3センチだそうです。

いよいよ服を脱いで下着になったら、太ももの内側や、おへその周りなどの性感帯、背中、二の腕、脇の下など、全身へとフェザータッチを広げていきましょう。おっぱいも、はじめはフェザータッチで触ります。女性がくすぐったく感じる場合は、はじめに手の平全体で肌に触れて慣れさせてから、指が触れる面積を小さくしていくとよいでしょう。

タッチするときに大切なのが、相手の体の「どこが感じるのか」をしっかりと探ること。指先のカーブに全神経を集中して、**「指先に目がついている感覚」**で肌に触れましょう。女性器を触るとき、特にGスポットやポルチオなど（➡16手）、感じるツボを探り当てるのに有効で、僕は**〝田淵式タッチ〟**と呼んでいます。

ただし、不思議なことに感じるツボは、触っている最中でも、数ミリ単位でずれることがあり、〝ツボが逃げる〟という言い方をします。そのため、女性の声や表情で「あれっ？　感じなくなっているな」と思ったら、指先のセンサーを再起動して少しずつ位置をずらしながら、「この辺？」とヒアリングし、愛撫を続けていきます。

使い分けたい前戯のタッチ

フェザータッチ

女性の肌から軽く浮かしたところに手の平を下にして構え、軽く指を曲げ、指の先端が触れるか触れないかの微妙な加減で女性の肌を撫でる。スピードは秒速1センチくらい。

田淵式タッチ

指先がまるでセンサーになったかのように、相手が感じるところを探りながら触るタッチ。女性の声や紅潮したほおなどをチェックし、気持ちいいところをヒアリングしながら愛撫する。

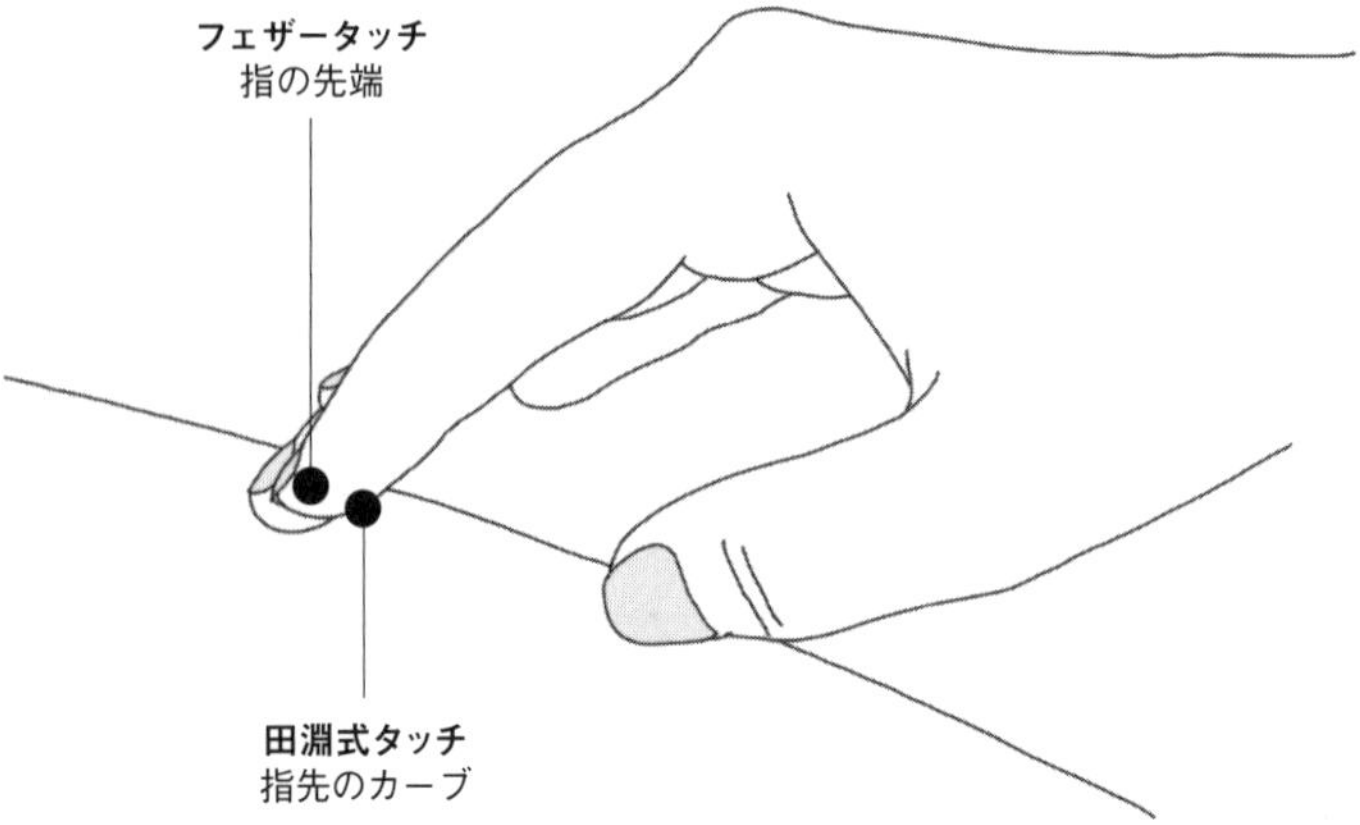

二種のタッチは、肌に触れる指の部分が異なる。
人の肌は、この微妙な違いを感じ取れるほど繊細なもの。

フェザータッチが効くポイント

下着のとき

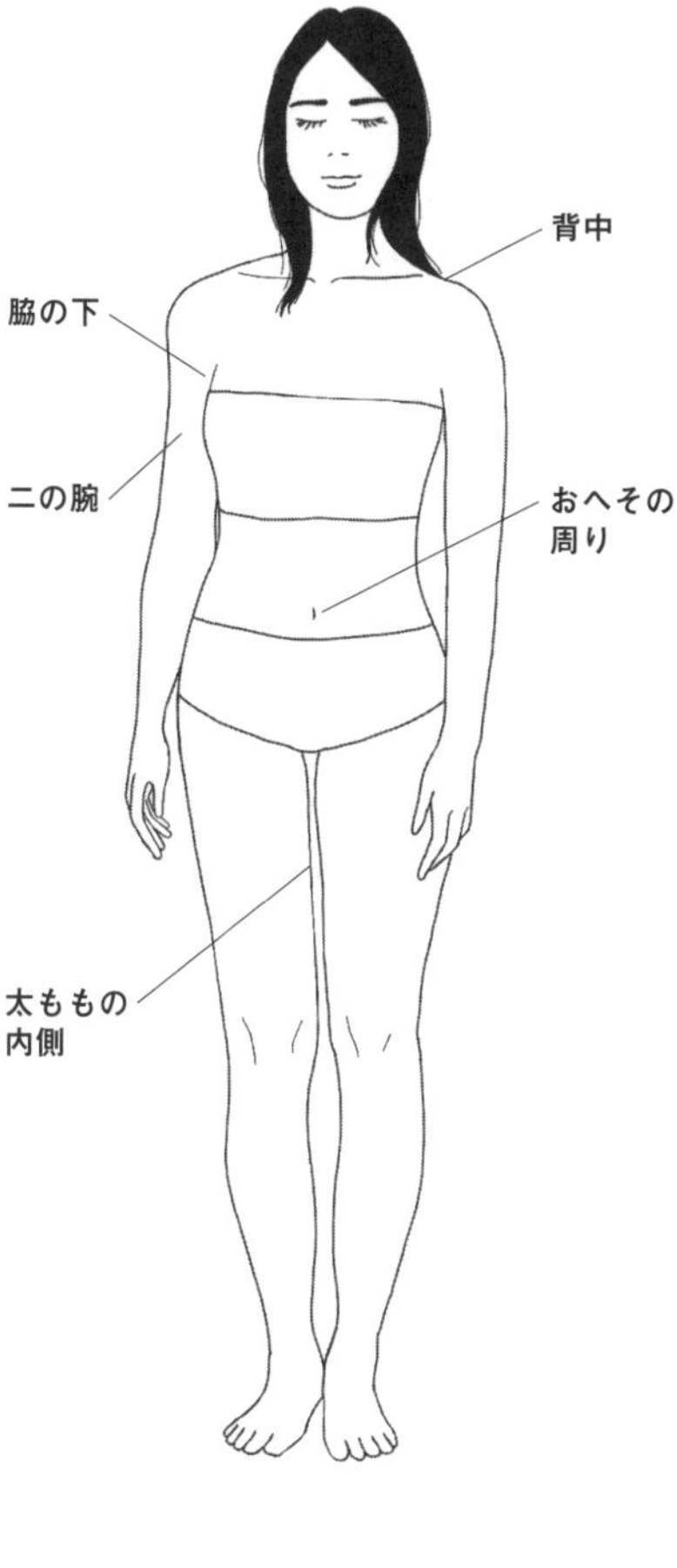

服を着ているとき

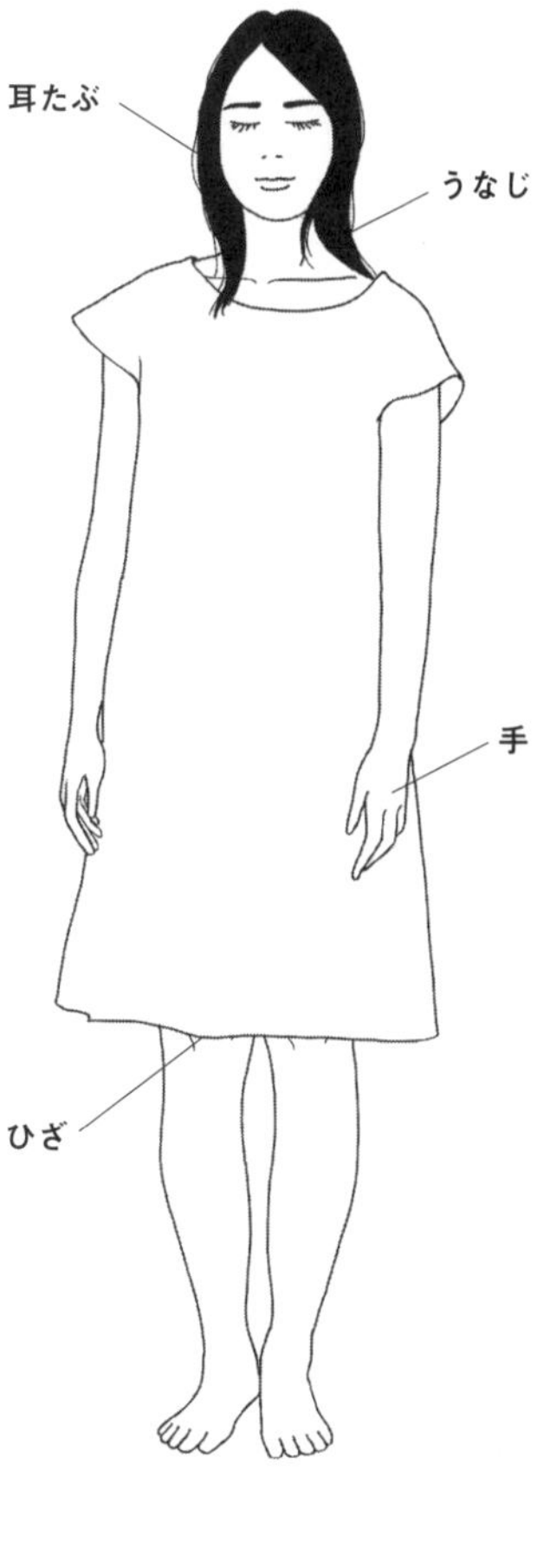

スタミナ不足　マンネリ化

仙骨《せんこつ》責め・恥骨《ちこつ》責め

さすって燃やす〝仙骨〟と押してイカす〝恥骨の上〟

4手

体力まかせに責められない中高年は、女性が悦ぶポイントを熟知して、的を絞って責めていきたいですね。ここでは、前戯の際に取り入れたい、隠れた二大性感帯をお教えします。

ひとつは**骨盤にある逆三角形の「仙骨」**。ここをさすったり押したりしていると、僕の経験上、高い確率で女性は濡れてきます。仙骨には穴が空いていて、そこをいろいろな神経が通っているので、さすっているだけで気持ちよくなるんです。

背中やお尻を愛撫する流れの中で、仙骨に指や舌を這《は》わせてみましょう。刺激を受けると女性の体温が上がってきて、男性を受け入れる準備ができます。**バックで挿**

入しているときに優しく押すのもオススメですし、セックスの前に女性に火をつけるのにも効果的。「ちょっとマッサージしてあげるよ」と言いながら触れてみてください。

もうひとつは**恥骨《ちこつ》の上**。**ここを押すと子宮へも刺激が伝わり**、性的な快感を覚える女性もいます。2本〜3本の指を使って少し強めに押して、**痛気持ちいいくらいがちょうどよい**ようです。ある撮影で、気持ちを盛り上げるために、女優さんが自分の恥骨の上を押しているところを見せてもらったのですが、かなり深く押し込んでいました。彼女は強く押すだけでイケると言っていて、オナニーのときや、男優さんに挿入されているときにも押すそうです。プロも実践している、知られざるテクニックです。

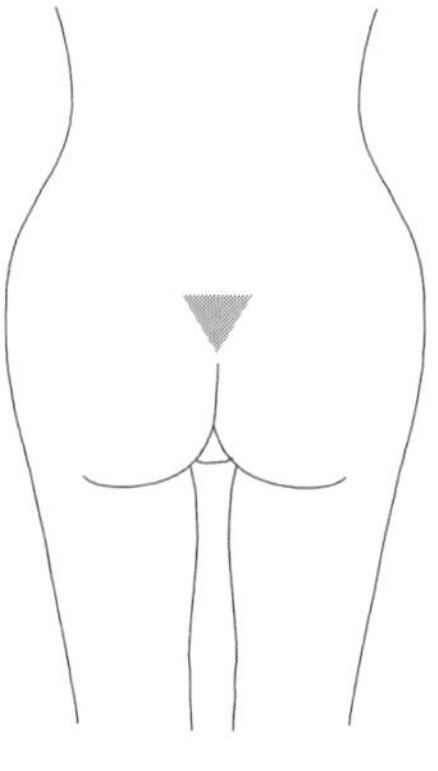

お尻の割れ目の上部に、逆三角形の骨がある。そこが仙骨。触ってみると穴があいているのが、なんとなくわかる。ここをさすったり押したりするといい。

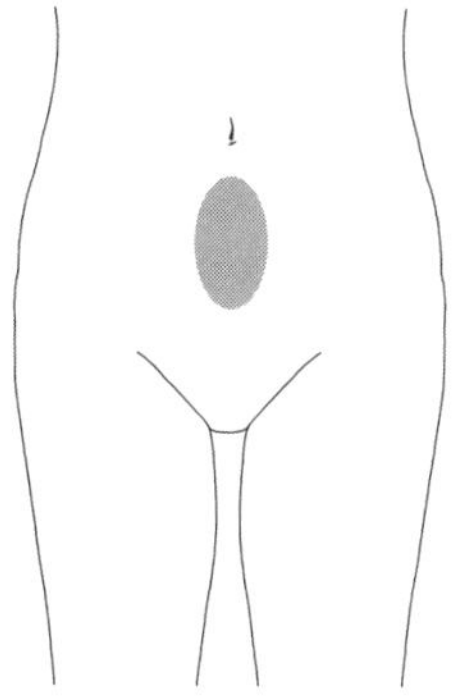

恥骨からおへそまでのライン上、その奥に子宮がある。そこを2〜3本の指で強く押す。

スタミナ不足　マンネリ化

5手

超絶ウィスパー

感じる場所を聞くときは秘密を打ち明けてもらうように

中高年のセックスでは、体力より〝言葉〟で勝負するのも有効。おとなの色気あふれる成熟した言葉責めをマスターすれば、相手を十分興奮させることができます。

ただし、大人の言葉責めは、**聞こえるか、聞こえないかぐらいのウィスパーボイスが基本**。耳元に顔を近づけてささやき、耳に空気の振動が伝わるくらいのかすかな声で、密着したプライベートな雰囲気を作ります。

AVでは、ほとんど地声で「ほら、濡れてるぞ」なんてやっていますが、あれは、大きい声でないと「マイクで拾えない！」と音声さんに怒られるからです（笑）。あんな声量で言葉責めをしていたら、逆にシラけてしまいます。

ささやく内容は、やはり「褒《ほ》め」が基本です。「かわいいよ、おっぱいきれいだよ、肌きれいだよ」などを軸に、「濡れてるね、うれしいよ」など〝実況中継〟も織り交ぜ、おっぱいや女性器を愛撫しながら耳元でささやきます。

相手にどこが気持ちいいか聞くときは、耳元でボソボソささやくくらいの、密着したプライベートな空気感を作ってから、秘密を打ちあけてもらうような感じで聞きます。「この辺？　教えて？」「ここだね？　強さ、これくらいでいい？」「じゃ、これで刺激するね」という具合。

ただし質問責めはＮＧ。「気持ちいい？　どこがいい？　◯◯したい？」と矢継ぎ早に聞かれると、女性はいちいち返事をするのが面倒になり、気持ちが一気に冷めてしまいます。

“聞き出し”の常套句５ワード	“褒め”の殺し文句６ワード
この辺？／教えて？ ここだね？ 強さ、これくらいでいい？ じゃ、これで刺激するね	かわいいよ／素敵だよ おっぱいきれいだよ 肌きれいだよ 濡れてるよ／うれしいよ

技術不足

乳首はじき

おっぱいを丁寧に攻略すれば本番への期待は高まるばかり

6手

女性器に次ぐ性感帯が「おっぱい」。なおざりにせず、丁寧に責めるのが、オトナのおっぱい攻略術。握った指の間から肉がはみ出るくらいの垂れてきたおっぱいでも、触っていて気持ちいいし、もみやすくて責めがいがあります。

まずは乳房への〝フェザータッチ〟からスタート。乳房の感触を楽しみながら、じれったいくらい繰り返して**徐々に強さのボリュームを上げて**いきます。もむのはそれからです。乳房は強くもむものだと思っている人もいますが、かまれたり、強く握られたりするのが好きな人はごく一部。ほとんどの女性は優しいタッチを好みます。

もむときは、リンパの流れに沿って内側から外側へ。男性から見て右の乳房なら反時計回り、左の乳房なら時計回りです。リンパ液の流れに沿ってもんだ方が、体の構造的に無理がなくリラックスしますし、感じやすいのです。前戯を始めておよそ20分後には体が温まってきますので、そのときが強度を最大に上げるタイミング。

乳首を責めるときは、５本の指の腹でランダムになでる愛撫からスタート。**乳首は、指の腹の根本に近い方で軽くつまんで引き上げつつ、最後にピンッ！と抜けるようなイメージではじくと、ちょうどいい刺激になります。**

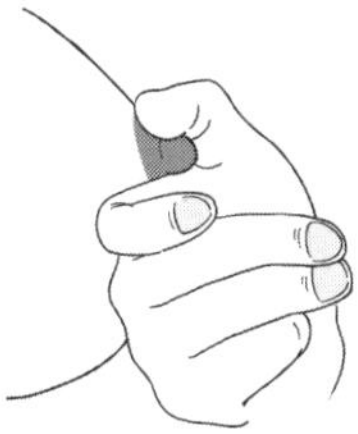

①指の腹の根本に近い方でつまむ。

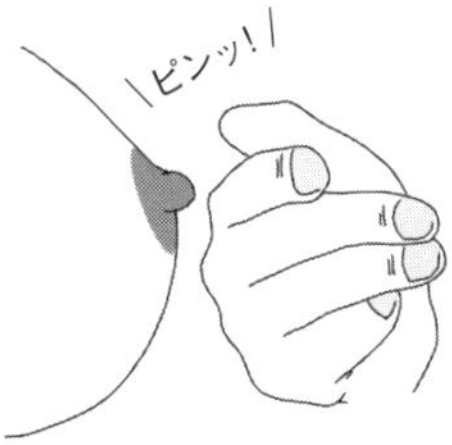

②引き上げつつ指先の方へずらす。
乳首があたかもピンッ！と音を立てて抜けるようなイメージで。

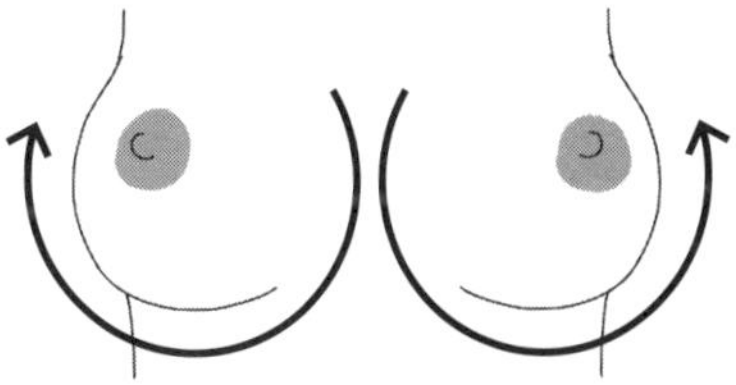

男性から見て右の乳房なら反時計回り、左の乳房なら時計回り。これはリンパの流れに沿っている。タッチの強さは相手次第。プロでもヒアリングして加減している。

技術不足

7手

大小《だいしょう》クリいじり

クリトリスまでのステップとクリの大きさで選ぶ愛撫の場所

女性器を触るとき、いきなりクリトリスを触るのは、早急でいかにも義務的な感じがしてしまいます。女性は男性と違い、気分が盛り上がるまでに時間がかかるもの。また、焦《じ》らされた方が快感も大きくなります。

はじめは、**指の腹で女性器全体を、軽く触れるように愛撫します**。そのあとに、外側の**ふっくらした大陰唇《だいいんしん》へと移り**、次に**小陰唇《しょういんしん》のビラビラを指先で触ります**。難しく考えず、**指先のセンサーで肉の質感の違いを吟味する**気持ちで触ればいいのです。本丸のクリトリスに触るのは、十分に濡れているのが確認できるまでガマン。愛液の多い女性なら、丁寧な愛撫に反応してトロ〜ッとした粘液が膣口《ちっこう》から出てくるでしょう。

十分に濡れてきたらクリトリスへ指を移動しますが、このときに注意したいのは、**クリトリスを直接愛撫されるのを痛がる女性が意外に多い**ということ。クリトリスが小さい女性は直接の愛撫を嫌がる傾向があります。

痛がる素ぶりが見えたら、ソフトな愛撫で**包皮《ほうひ》の根本の部分だけ**を触るようにしましょう。逆にクリトリスが大きめの女性は、結構強めの刺激でも悦ぶ場合があります。

なお、体質的に濡れにくい女性の場合は唾液やローション、馬油《マーユ》を使ってもかまいません（↓28手）。

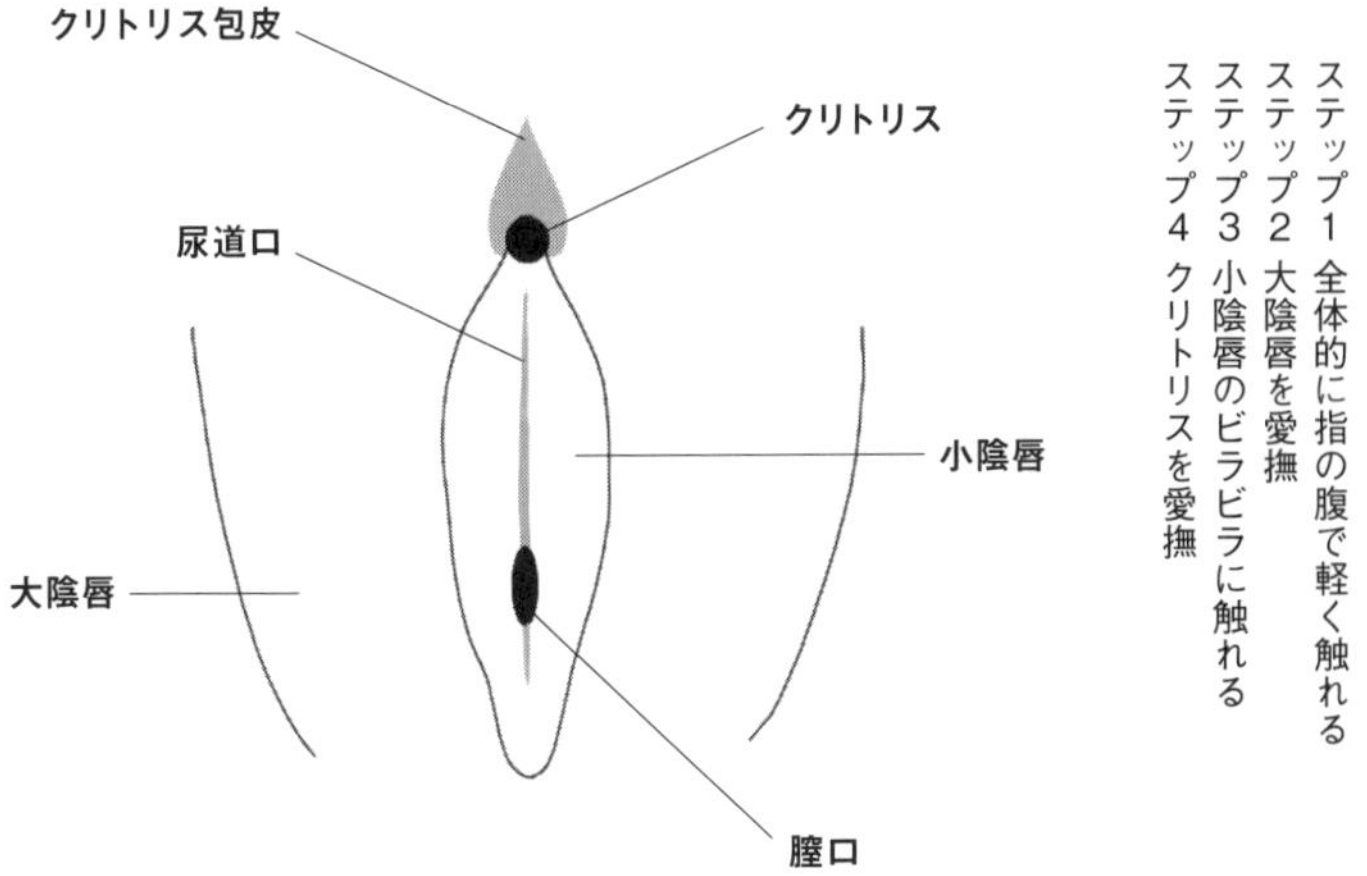

ステップ１　全体的に指の腹で軽く触れる
ステップ２　大陰唇を愛撫
ステップ３　小陰唇のビラビラに触れる
ステップ４　クリトリスを愛撫

痛がったら包皮の根本の部分だけを触る。ここは、男性で言えばペニスの茎（陰茎）に当たるところ。ここを触るだけで気持ちいい。

スタミナ不足　技術不足

8手 キツネ指手マン

骨盤を使えば疲れ知らず Gスポットとクリトリスの2点責め

膣《ちつ》内を指で刺激する〝手マン〟は、やり方を間違えると、男性は腕が疲れるだけ、女性は痛いだけになってしまいがち。腕ならぬ〝指〟によりをかけて、女性をヨガらせる男優テクニックの極意を伝授します。

膣に指を挿入するときは、**中指と薬指を使う〝キツネ指〟が基本です**。中指は肉が厚いので当たりがソフト。力の加減を調整しやすいので、女性への負担が少なくて済むうえに、男性の指も疲れません。

指を挿入したら、Gスポットを狙いましょう。膣口に、右（左）手の中指と薬指を入れ、**中指の第二関節**あたりまで指を入れると、上側の柔らかくぷっくり膨れた部分に指先が当たります。**ここが〝Gスポット〟。中指の指先をGスポットに、指の付け根はクリトリスに当て、Gスポットに指先をつけたまま、ちょんちょんとタップして刺激を伝えつつ、前後にゆっくり動かします。**

はじめはゆっくり5分くらい。このとき、腕だけを動かそうとするとすぐに疲れてしまいます。**骨盤を意識して上半身全体を動かし、その動きと同調させるように腕を動かすと、何十分でも続けられます。**ＡＶで腕を前後に激しく動かすシーンをよく見かけますが、あれは、迫力を出すための演出です。

最初はゆっくりと出し入れし、次第に女性の体が温まってきたら、動きを早めてもいいでしょう。Ｇスポットを触ることは、体の内側からクリトリスを触ることと同じです。じっくり開発されれば、快感の度合いは高まります。

同時に**左（右）手の親指でクリトリスをいじる**方法もあります。親指でクリトリスの皮を剥《む》いてあげると、その刺激で感じる女性もいます。この時、左（右）手の４本指を恥骨の上くらいに当てて、やや強めに子宮を圧迫してみてもいいですね。中からと外から同時に押すと、女性はたいていイクことができます。

キツネ指を開いた形が基本。中指は肉厚で柔らかく、無理なく力が入る。ＡＶで人差し指を使うのは、挿入しているところがよく見えるようにする演出上の都合。

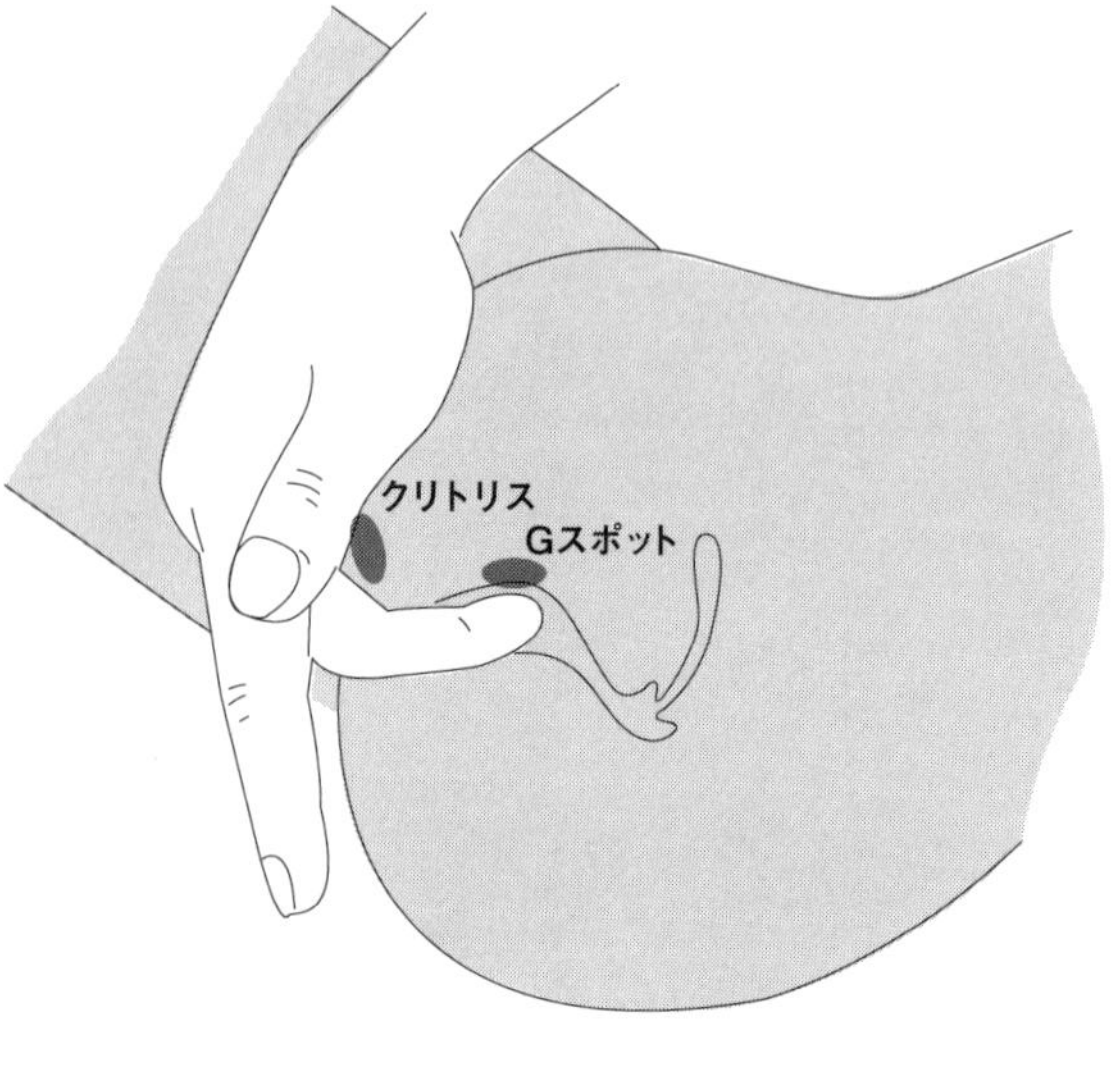

中指をＧスポットにフックさせるイメージ。指の付け根はクリトリスに当てがい、指先で押さえたポイントを中心に、ちょんちょんと押すようにする。

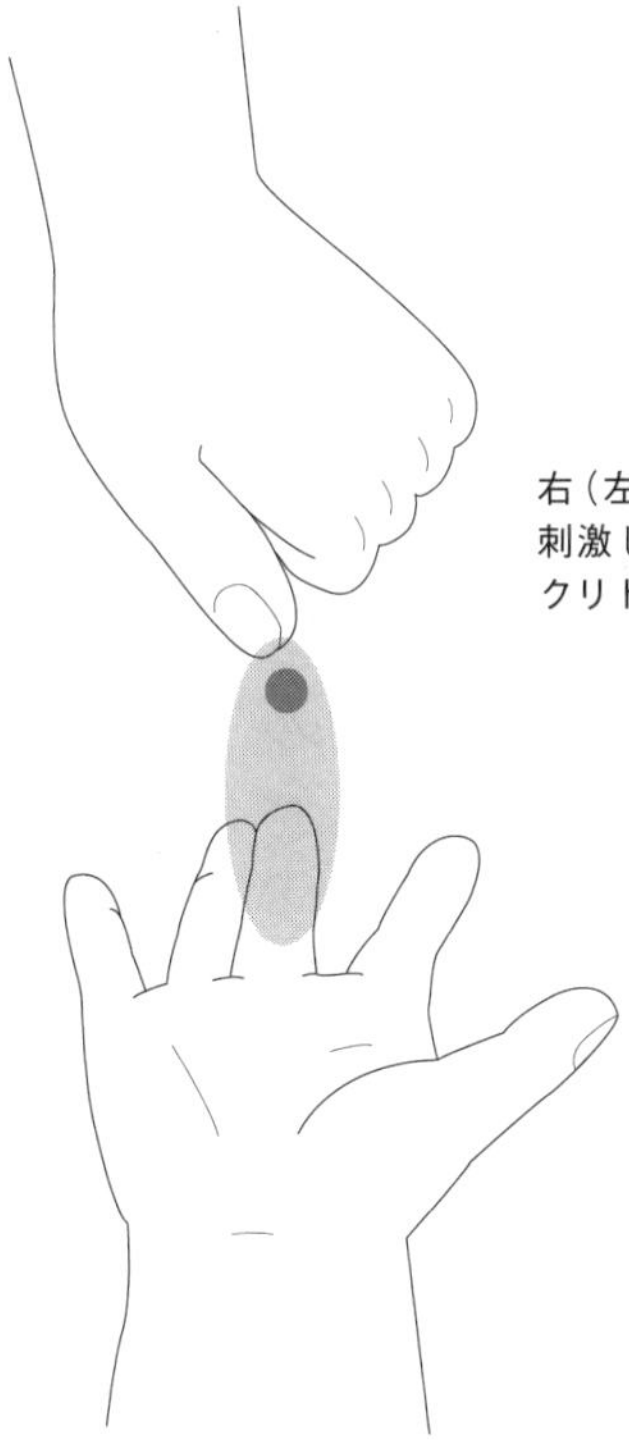

右（左）手の中指でGスポットを
刺激しつつ、左（右）手の親指で
クリトリスを刺激するのも有効。

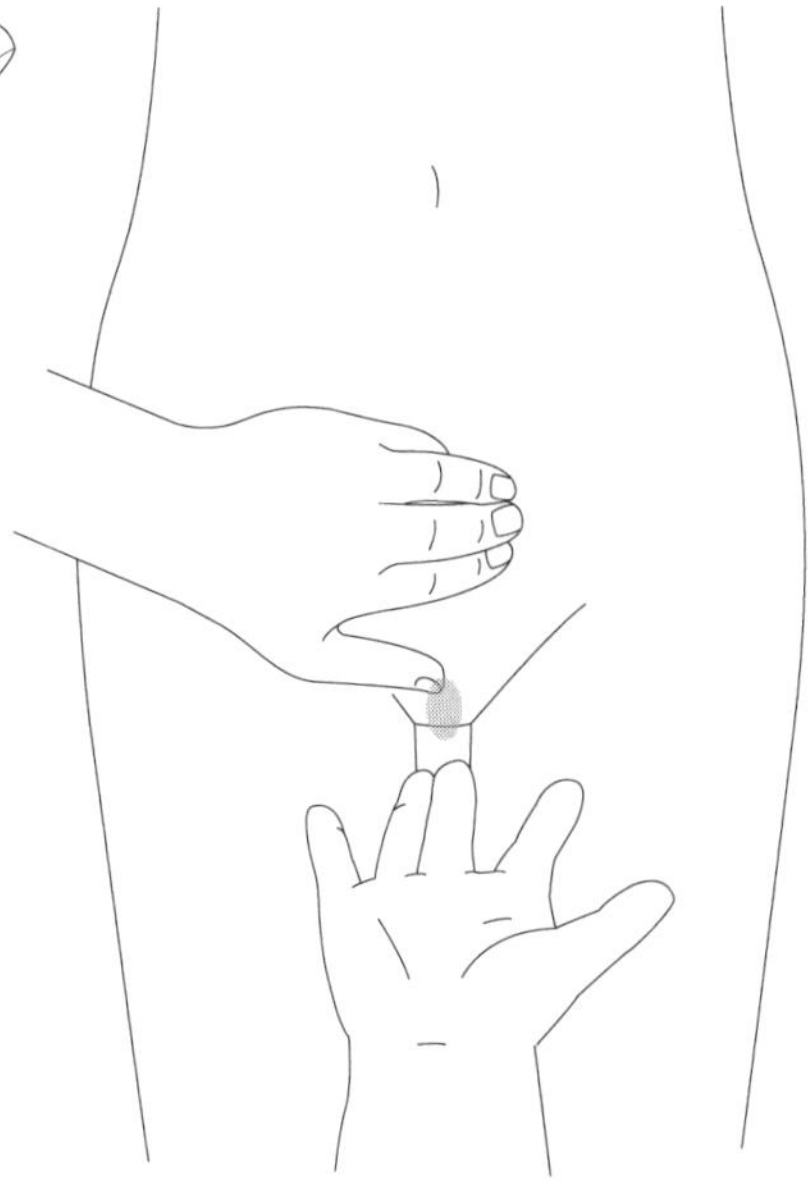

左（右）手の４本指で、体の外
側から子宮を圧迫してもよい。
恥骨責め（→４手）の要領で。

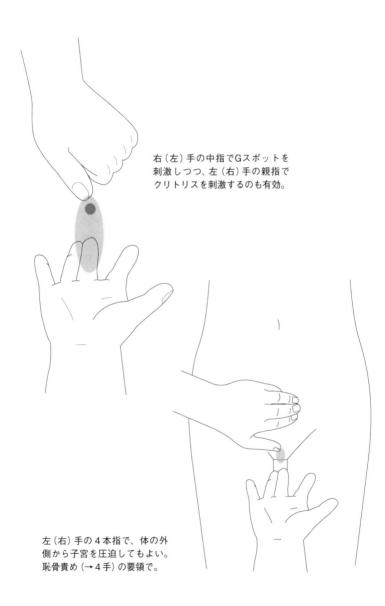

スタミナ不足

骨盤クンニ

腰を中心に体全体をゆすり20分でもなめ続けられる男優秘技

9手

体力が低下してピストン運動が続けられない中高年にとって、クンニは大きな武器。しかしクンニも、長い時間続けると疲れてしまうという悩みを聞きます。**疲れるのは舌だけ、あるいは首だけを動かしているから**。体の一部分だけ切り離して使うのは、1分ぐらいが限界です。

ではどうするのか？ 8手の手マンと同じく、**骨盤を意識して上半身全体を前後に動かせば、その動きに連動して顔も動くので、舌や顔を過剰に動かさなくても女性器をなめることができます**。体を前後させるだけなので、10分、20分と続けても疲れません。このとき、女性の腰の下にクッションを置くと、腰が上がってクリトリスが前方に突き出してなめやすくなります。

男はすぐにクリトリスをなめたがりますが、直接なめられるのは苦手という女性も少なくありません。特に、剥《む》いてなめられるのは好き嫌いが分かれるところ。やはり、包皮の根本の部分（↓7手）が気持ちいい人が多いようです。また舌先は、「イカしてやろう」と尖らせる人が多いですが、これだと当たりがキツイ。鼻呼吸（↓25手）で口の中を潤《うるお》わせながら、**唇も舌もゆるゆるにし、それを押し当て骨盤クンニで優しく前後させる。**これが男優の〝秘技〟です。

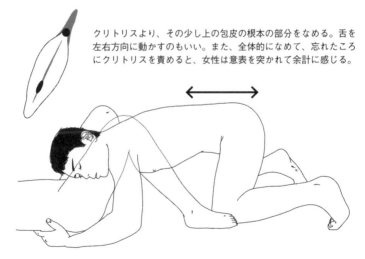

クリトリスより、その少し上の包皮の根本の部分をなめる。舌を左右方向に動かすのもいい。また、全体的になめて、忘れたころにクリトリスを責めると、女性は意表を突かれて余計に感じる。

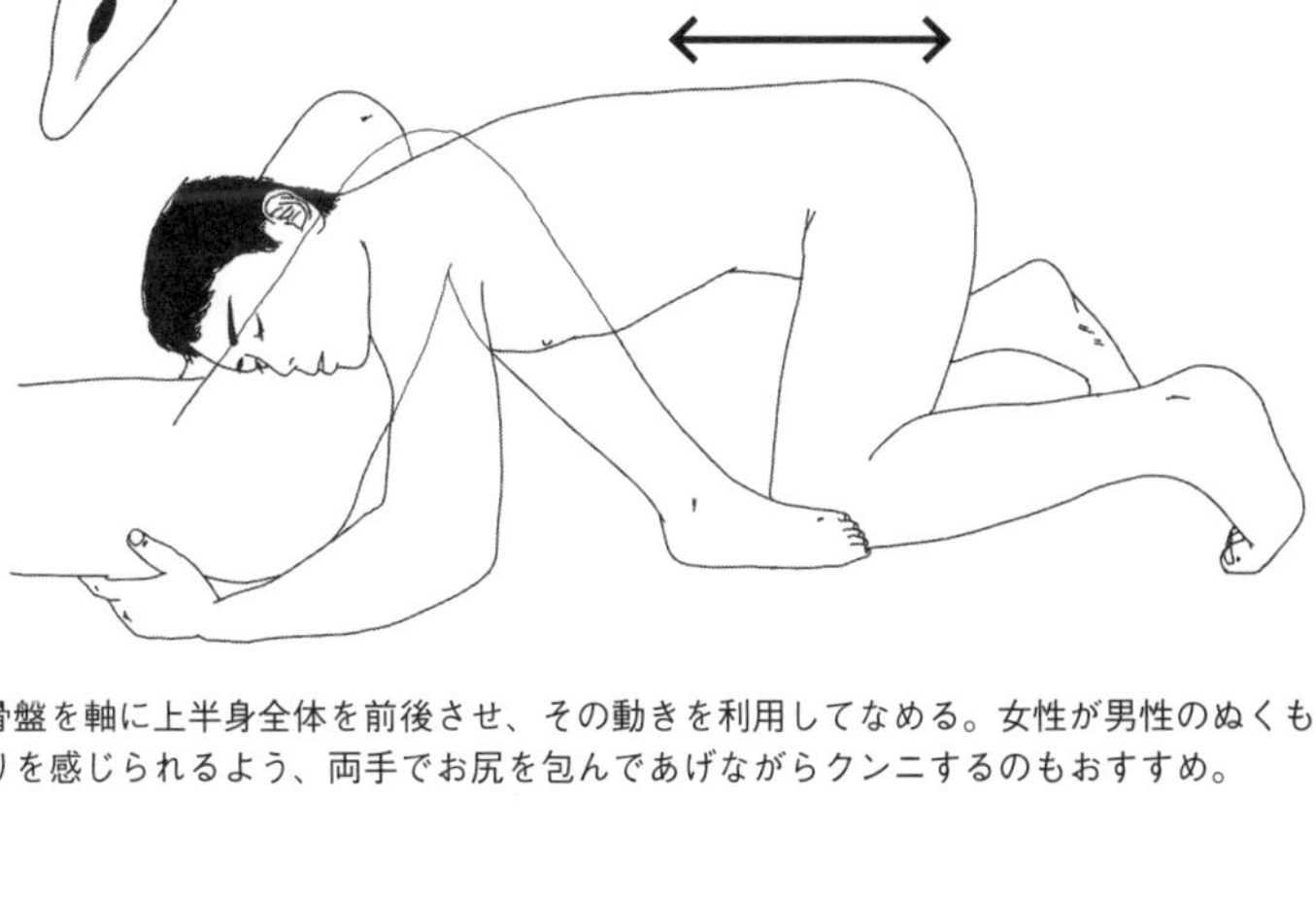

骨盤を軸に上半身全体を前後させ、その動きを利用してなめる。女性が男性のぬくもりを感じられるよう、両手でお尻を包んであげながらクンニするのもおすすめ。

スタミナ不足

舌と唇・世界一周

体のラインに沿って舌と唇で全身の性感帯を探る

10手

女性の性感帯は全身に散らばっていますが、力任せに体中に舌を這わせるのは、疲れるだけ。女性も決して気持ちよくなれません。

どこをなめるときも、舌の力は抜いてください。**舌も唇も呆《ほう》けたようにゆるゆるにするのは、女性器への「骨盤クンニ」と一緒です。**まずは、**体のラインに沿って、触れるか触れないかのソフトなタッチで、唇や舌を置きにいくようにしましょう。**その上で、自然な流れでランダムに移動させ、女性が悦ぶポイントを探るのです。唾液がベットリ肌に付いて濡れるくらい舌を這わせるのは、嫌がる女性がほとんど。

「気持ちよくしてやろう」なんて余計な力が入ると、力みや緊張が相手に伝わります。**ニヤニヤ、ヘラヘラと薄ら笑いをしている少年**になって「こんな女の子とセックスできて、とにかくウレシイ!!」と、純粋に性感帯探しの〝世界一周〟に興じてください。そのノリが相手にも伝わります。

女性の体温が上がってきたと感じたら、強めになめても大丈夫です。全身なめも女性器へのクンニと同じで、**腰の動きをそのまま舌に伝えると、疲れずに長時間持続できるようになります。**

全身なめやクンニに効果的なのが、舌のローリングトレーニング（↓165ページ）。舌が疲れにくくなるし、なめに強弱をつけられるようになるのでオススメです。

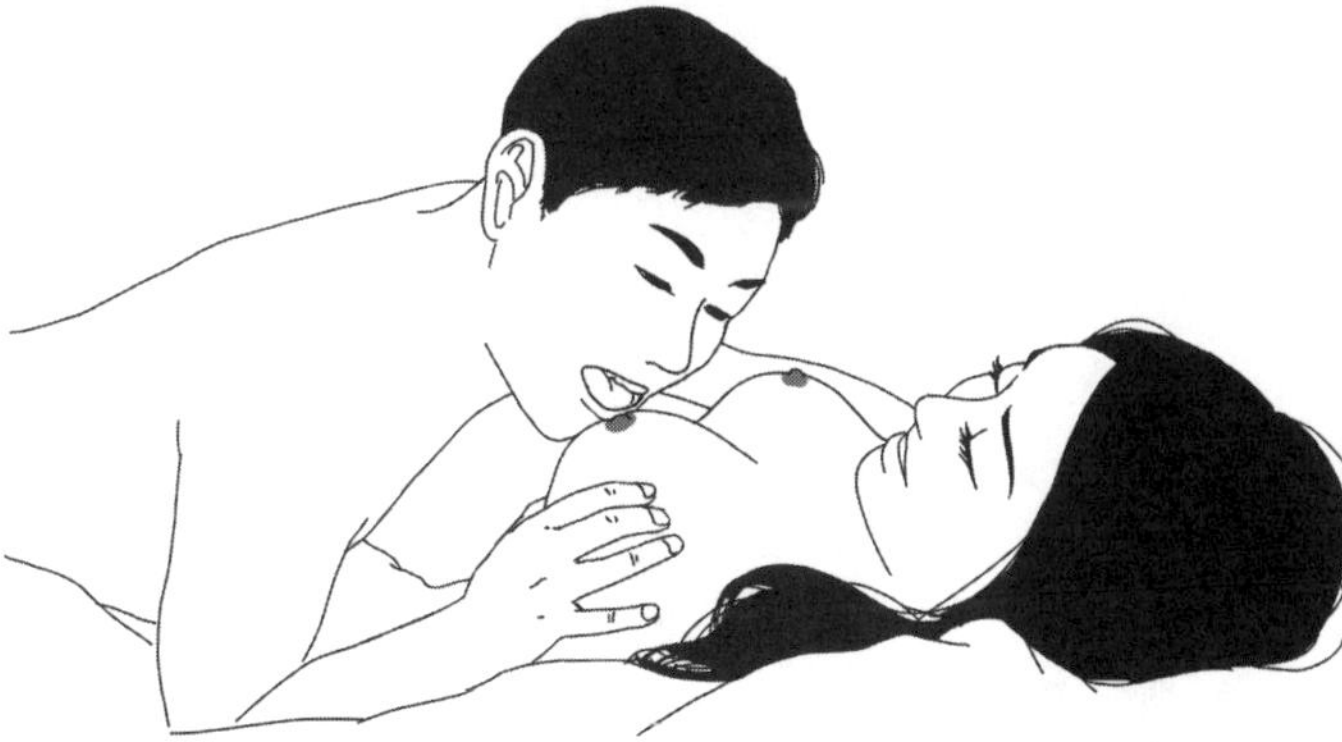

舌も唇もゆるゆるに。のんきな少年になったつもりで、全身なめを楽しむ。

ED 中折れ スタミナ不足 マンネリ化

横向きシックスナイン 11手

体が楽になり、エロさも増す 足の使い方がポイント

「シックスナイン」には、①女性が上になる、②男性が上になる、③男女が横になる、という3つのパターンがあります。

基本は①ですが、中高年カップルには③の横向きもおすすめ。**お互いに体重を支える必要がない**ので、比較的疲れません。女性は、上の方の足を広げ、男性の肩から上腕部あたりに乗せ、遠慮せず重みを預けるのがコツ。男性にも負担が少なく、**絡《から》み合う感じが親密度とエロさを増します**。「首が疲れる」という人は、**お互いの下側の足に頭を乗せて枕がわりにすると、首が一気に楽になります**。

また、シックスナインは中折れの回復にも効果的。通常のフェラや手コキより、な

め合うという淫靡《いんび》な行為に興奮できるからです。その際は、男性がいちばん楽な①を選びましょう。**女性もフェラしやすいですし、男性もいったん落ち着くことで復活しやすくなります**。

一方、②の男性上位タイプは、女性の腰をしっかりホールドできるので、女性を責めてイカせることが好きな男性に向いています。

注意点は、口の中にペニスが深く入りすぎて、喉《のど》を突いてしまいかねないこと。また、フェラチオをしてもらうには男性が少し腰を浮かせる必要があります。

女性器をなめるには、足を開いてもらう必要がある。上げた足は、男性の肩から上腕部にかけて乗せ、下の足は枕がわりにして、お互いの頭を乗せる。

マンネリ化　技術不足

骨愛撫《ほねあいぶ》

30年の男優生活でたどり着いた「名も無き性感帯」

12手

〝全身なめ〟をさらに高めるため、なめるポイントに焦点を絞って解説していきます。唇へのキスからだんだん下に降りるときは、まず、首筋。そして鎖骨《さこつ》、肩のライン。肩は、軽く甘がみをしても効果があります。次に脇の下、お腹、おへその一帯。ここは、女性によっては、むしろくすぐったがることのある要注意エリアです。舌を這わせてみて、くすぐったそうだったら、次のポイントへ進みましょう。

また、あばら骨の出っ張りも気持ちいいポイントです。あばらに限らず、**骨の出っ張りは隠れた性感帯**。皮膚が薄くなっているせいかもしれません。前出の鎖骨、肩の他、肩甲骨《けんこうこつ》や腸骨《ちょうこつ》も、出っ張りのラインに沿った優しいなめやフェザータッチが効きます。極めつけは首の後ろの出っ張り。前戯でチョロチョロとなめて、感じるようなら**バックで挿入しながら少し強めになめたりすると、効果てき面。**大人ならではの熟練のワザです。

これらの**“骨愛撫《ほねあいぶ》”**は、効き目がある割に見栄えがせず、ＡＶではほとんど取り上げられることがないので、効果を知っている人は少数。知られざる、**「名も無き性感帯」**だと言えます。

それから下に降りてきてそけい部、太ももの内側、ひざ頭、そして、足。足はくるぶしや指の出っ張りなどが、骨愛撫が効くポイントです。

骨愛撫＆なめポイント

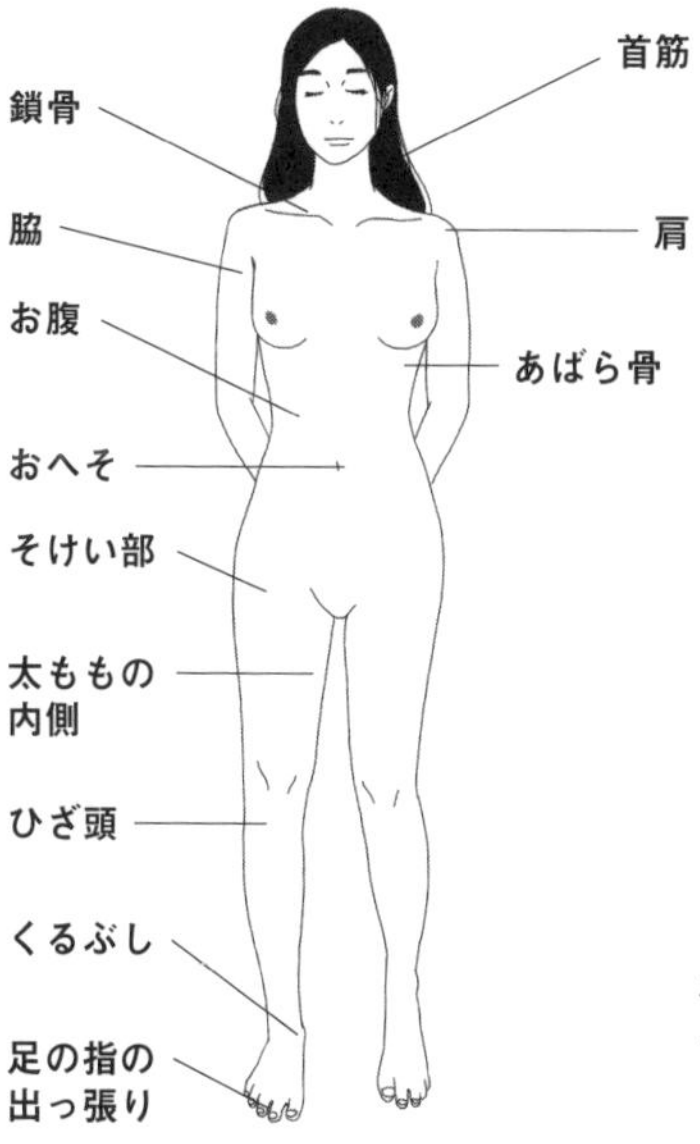

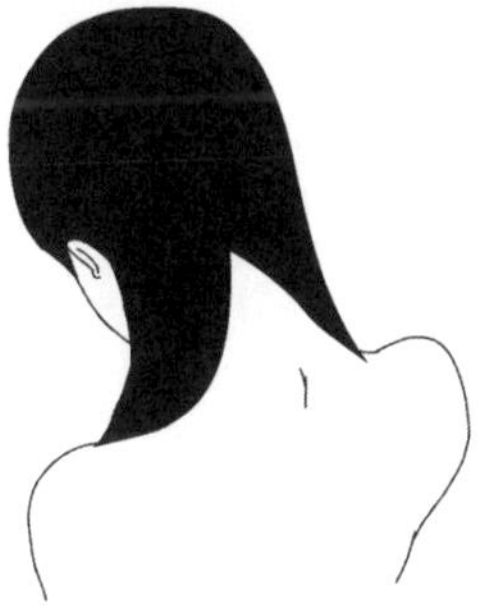

お辞儀をしたときに首の後ろに出っ張る骨（頚椎《けいつい》）は、極めつけの隠れ性感帯。

マンネリ化

鸚《お》鵡《うむ》返《がえ》し

受けに回ることで、相手の願望や性感帯が見えてくる

13手

セックスは、男女の願望の探り合い。女性が内に秘める性の願望を読み解くのは、経験豊富な中高年の得意とするところでしょう。

感じやすい場所は人によって違いますが、見極めるひとつのヒントは、神経が多いところ。「押すと痛い」「触れられるとくすぐったい」ところは、反面、フェザータッチや〝なめ〟で感じる可能性が高いと言えます。

最初はとにかくいろいろ試して、反応を見逃さないよう努力します。**見極めがつかない場合は、パートナーに直接聞いてもいいでしょう。**「ここをなめるのは気持ちいい？」という具合に、5手の言葉責めを使って引き出しましょう。

一方で、身をもって探る方法もあります。相手に責めてもらうのです。**女性がしてくれることは、裏を返せば女性自身がして欲しいことです**。乳首を軽くかんでくれば、乳首を軽くかんで欲しいと思っているのだし、お尻を責めてくれば、お尻を責めて欲しがっている裏返しであることが少なくありません。そうしたら、逆に同じことを相手にしてあげる**「鸚鵡返《おうむがえ》し」**をすればいいのです。

まれに、乳首をちぎられるかと思うくらいキツくかんでくる女性もいて、「ええ！ 痛いのが好み!?」と、意外な性癖が明らかになることもあります。僕の場合、お仕事ではお受けしますが、プライベートではお付き合いしかねます（笑）。みなさんも、ご無理はなさらないように。

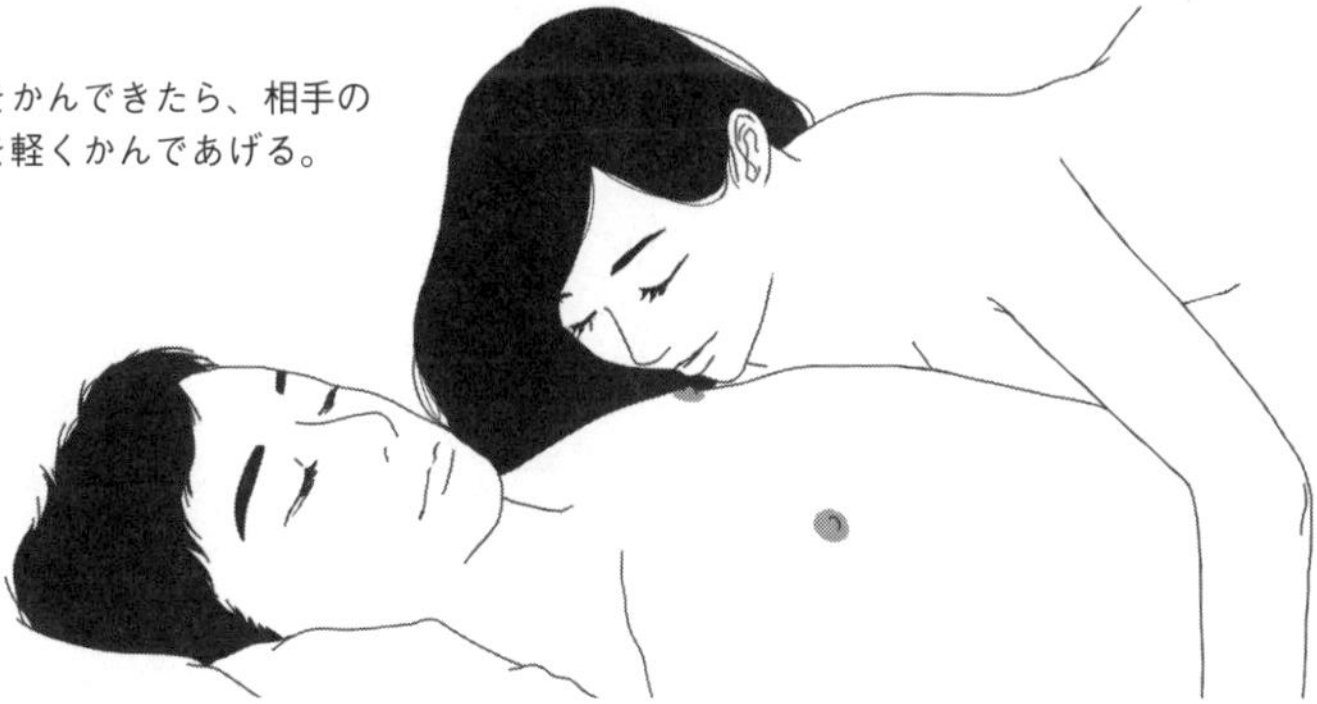

乳首をかんできたら、相手の
乳首を軽くかんであげる。

マンネリ化

20分後のムチ

刺激の強いプレイは女性の燃焼スピードに合わせて

14手

勃起《ぼっき》すればすぐに挿入できる男性に比べ、女性は体が受け入れる準備を整えるまでに時間がかかります。多くの場合、20分くらい必要ですが、男性に当てはめると、それはフィニッシュを迎えられる時間に相当します。

ですから、**愛撫の強度を最大にするのも約20分後**から。強く手を握ったり、強くキスしたり。おっぱいをギューっと握ったり、お尻を叩いたり、激しい手マン、SMチックなことも、すべて20分後からです。強い刺激は、体温が上がっていれば耐えやすいし、むしろ気持ちがいいもの。僕の感覚では、実はドMの人たちは、体温が高い健康体の人に多いのです。お酒を飲んで体が熱いときにお尻を叩かれても痛くないけど、冷えているときにされると痛いもの。
それと同じです。激しいセックスがお好きな方は、そのときを待ちましょう。もちろん、女性が嫌がる場合は無理強いしてはいけません。僕の経験上、お尻を叩かれて喜ぶ女性は3割ですが、叩かれ好きな女性がパートナーの場合は、おおいに叩いてあげてください。

そして、**叩いた場所は、あとで優しくなでてあげましょう。**いわば、**「アメとムチ」**です。アメとムチの使い分けは、実はSMの基本でもあります。**叩かれたり、かまれたりした部位は敏感になっているの**で、なでられると心地よく感じるのです。

～はじめはアメを使う～
＊フェザータッチ　＊全身なめ

↓

～20分後を目安に「ムチ」を使う～
＊強く手を握る、強くキスする ＊おっぱいをギューっと握る ＊お尻を叩く、激しい手マン　＊軽いSM

田淵コラム①

イキそうになったら、「視野」を広げて早漏防止！

競馬の競争馬が、マスクをしているのはご存知ですか？

これはブリンカーといって、視野を狭くして馬をレースに集中させるための装具《そうぐ》です。

ひとつの物、ひとつの作業に集中しているとき、生物は視野が狭まるという理論を応用しているわけですね。

早漏気味の人は、これを逆手に取り、視野を広げることでイキそうになるのを抑えることができます。

ひたすら女性をイカせようとあくせくしていると、視野が狭くなって相手だけに意識が向いて、早くイッてしまいがち。そんなときは、チラッとインテリアや壁に飾ってある絵などに目を向けてみてください。意識がそれて気持ちが落ち着き、射精への高まりをいったん抑えることができます。

僕は大体、視野200度から10度くらいまでを使い分けています。

第2章
不完全燃焼なセックスを解消！「本番」の手

中折れ 遅漏

15手

萎《な》え知らず
中高年「あるある」を防ぐコンドーム装着法と選び方

若い奥さんやパートナーをお持ちの人、あるいは「若い子としたい！」という人は、男の義務としてコンドームを着用しましょう。予期せぬ妊娠や性病から、お互いを守ってくれます。

ただし、**装着するときにまごつき、ペニスがしぼんでしまうというのも中高年の「あるある」**。せっかく盛り上げたムードも台無しです。勃起《ぼっき》力や持続力が弱くなる中高年は、ぜひスマートな装着法をマスターしておきましょう。

まずあたふたするのがコンドームを袋から出すところ。**最初に封を切って少しだけ出しておき**、ベッドの脇や枕元に置いておくとスピーディに着けられます。セックスの最中に何度かペニスがしぼんでも、2個〜3個破って置いておくと、勃ったタイミングでサッと装着できます。中折れしなかった場合は無駄になりますが、お守りのつもりで用意しておきましょう。

着けるときは、亀頭に被せたら、まず**亀頭の下くらいまで下ろして、先端を引っ張りながらもう一方の手で下ろす**と、スルッと下りてスマートに装着完了。下ろす方の手は親指と人指し指で輪っかを作り、もう片方の手で上にも引っ張るのがコツです。

アンダーヘアが絡《から》まって痛いという方は、短く切っておくのもおすすめです（↓47手）。陰毛は思っているより長くて6センチ〜7センチもあり、コンドームによく巻き込まれます。1センチ程度にカットしておくと、ゴムがスルッと入りますよ。

オススメのコンドームは、**ゴム製で使いやすいジェクスの「ゾーン」**。ゴムに付いているゼリーが素晴らしくて、装着感がほぼゼロなんです。その名も〝ステルスゼリー〟。通常のコンドームより刺激がペニスに伝わるので、遅漏《ちろう》による中折れ気味の方にもオススメです。

スマートな装着で萎え知らず！

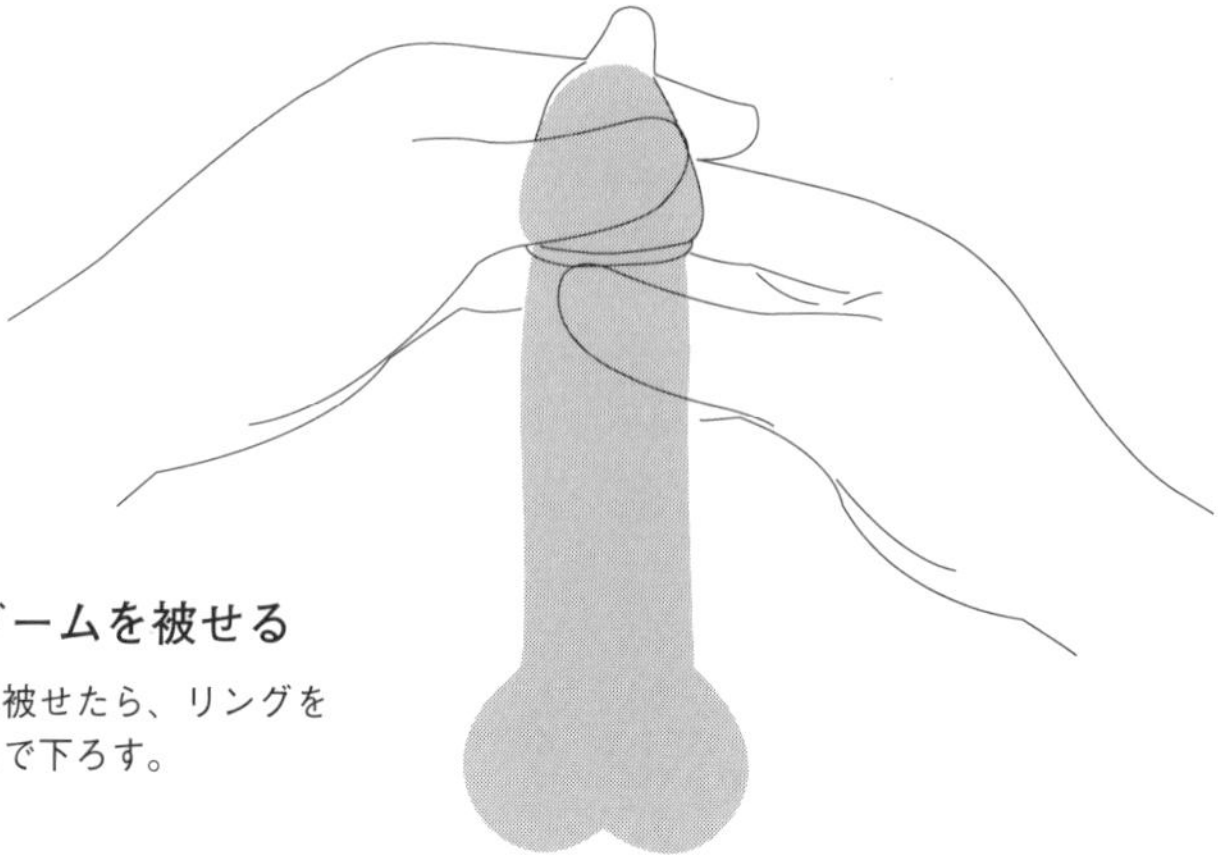

①コンドームを被せる

亀頭の上に被せたら、リングを
亀頭の下まで下ろす。

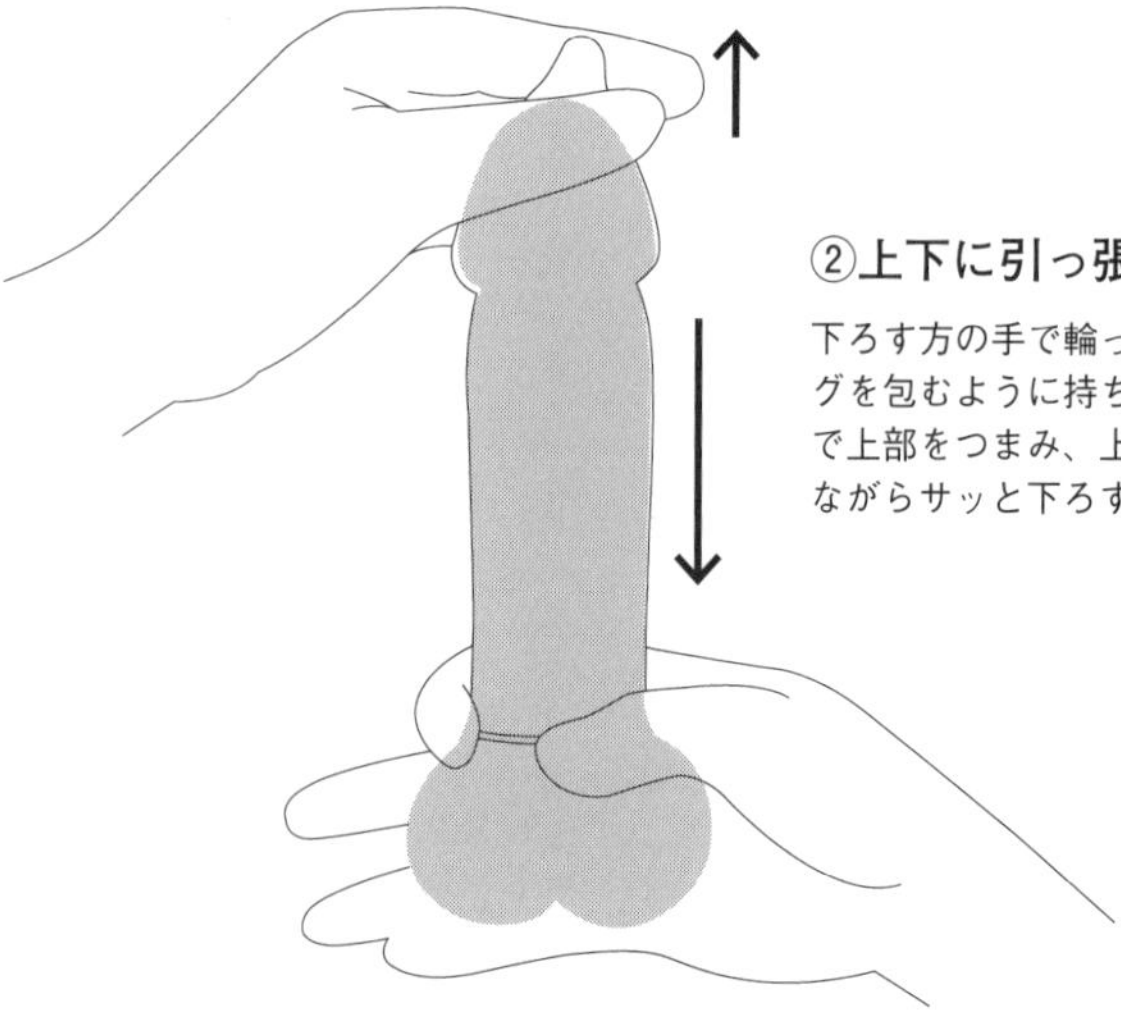

②上下に引っ張って下ろす

下ろす方の手で輪っかを作ってリングを包むように持ち、もう片方の手で上部をつまみ、上に軽く引っ張りながらサッと下ろす。

着けてる感ゼロ！オススメのコンドーム

「ZONE（ゾーン）」

ジェクス株式会社
価格：オープン価格（参考売価：900 円／1,500 円）
入数：6 個／10 個
素材：ラテックス製

ジェクス社はもともと潤滑ゼリーがメインのメーカー。ゴムについているステルスゼリーの評価も高く、装着時の違和感が少ない。2019 年 3 月に新発売した「ZONE」は、売上も好調。
問い合わせ先：06-6942-4416（土・日・祝日を除く 9:30～17:00）

他に、0.01 ミリの極薄タイプの「オカモトゼロワン（0.01）」もおススメ。ポリウレタン製のため、ゴムより耐性が強くて薄い、ゴムアレルギーでも使える、熱伝導率が高く体温が伝わりやすいなど、いいことだらけ。AV 業界ではより安価な「オカモトゼロツー（0.02）」を使うことが多い。

セックスレス　技術不足

16手

GPエリア

Gスポット(G)とポルチオ(P)間をペニスの進入角《しんにゅうかく》で狙い撃ち

「挿入されても全然気持ちよくない」。こんな女性の声をよく聞きます。これは、ペニスで狙うべきポイントを正確に理解していないのが原因のひとつです。そのポイントは、**〝Gスポット〟と〝ポルチオ〟の間**。Gスポットの位置は、8手で説明した通り、中指を第2関節まで挿入したときに指先が触れる、膣壁《ちつへき》の上側です。ポルチオは、その奥のコリコリした子宮口あたりを指し、目安としては、中指を完全に挿入したあたりの、膣壁の上側です。**実はGスポットとポルチオの間の、およそ4センチのエリア（GPエリア）も性感帯**。ここを刺激すると、子宮に直接訴えるような気持ちよさを与えることができます。「ペニスを奥まで突ききったところ」ではなく、「突く途中」にポイントがあるので、**ペニスを抜き差ししながら、亀頭で女性が特に感じるポイントを探りましょう**。突く場所がミリ単位で違っても、反応は変わります。

GPエリアを狙うときは正常位、側位、騎乗位が突きやすいと言えます。バックだとGスポットが下側になるので、ペニスの反り具合とは反対になり、ポイントを突きにくくなります。

正常位でGPエリアを狙う場合、普通の正常位だと進入角《しんにゅうかく》がまっすぐになってしまうため、うまく狙えません。膣口《ちつこう》の下側から斜め上向きにペニスを進入させて、上の壁に亀頭が当たるように挿入し、そこをえぐるようにピストンする必要があります。そのためには、女性に腰を浮かしてもらうと狙いやすくなります。

いちばん簡単なのは、女性の腰の下に枕やクッションを入れて腰を浮かせる方法。これなら男女ともに体勢に無理がなく、疲れません。

クッションを使わず正常位のバリエーションだけでポイントを狙うなら、正座をした男性の両足の太ももに、女性がお尻を乗せる方法があります。

Gスポットとポルチオの位置

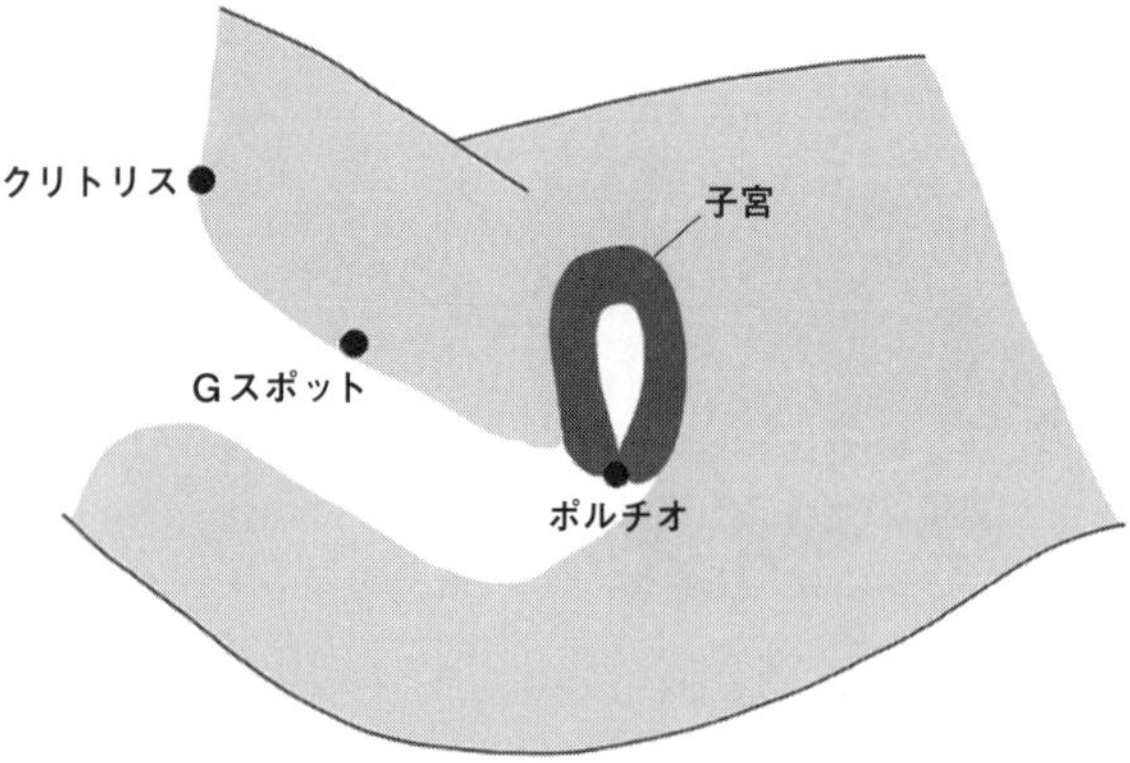

Gスポットは膣口から3センチ、ポルチオは7センチほどの上側が目安。ポルチオは子宮の入口で、コリコリしている。性感帯のあるGからPの間はおよそ4センチほど。さらにGスポットの手前上側にはクリトリスとつながる性感帯がある。

GPエリアを狙いやすい変型正常位

正座をして両ひざを少し開き、女性のお尻を太ももの上に軽く乗せて、女性の腰を浮かせる。挿入が深くなりすぎないので、GPエリアを狙いやすい。

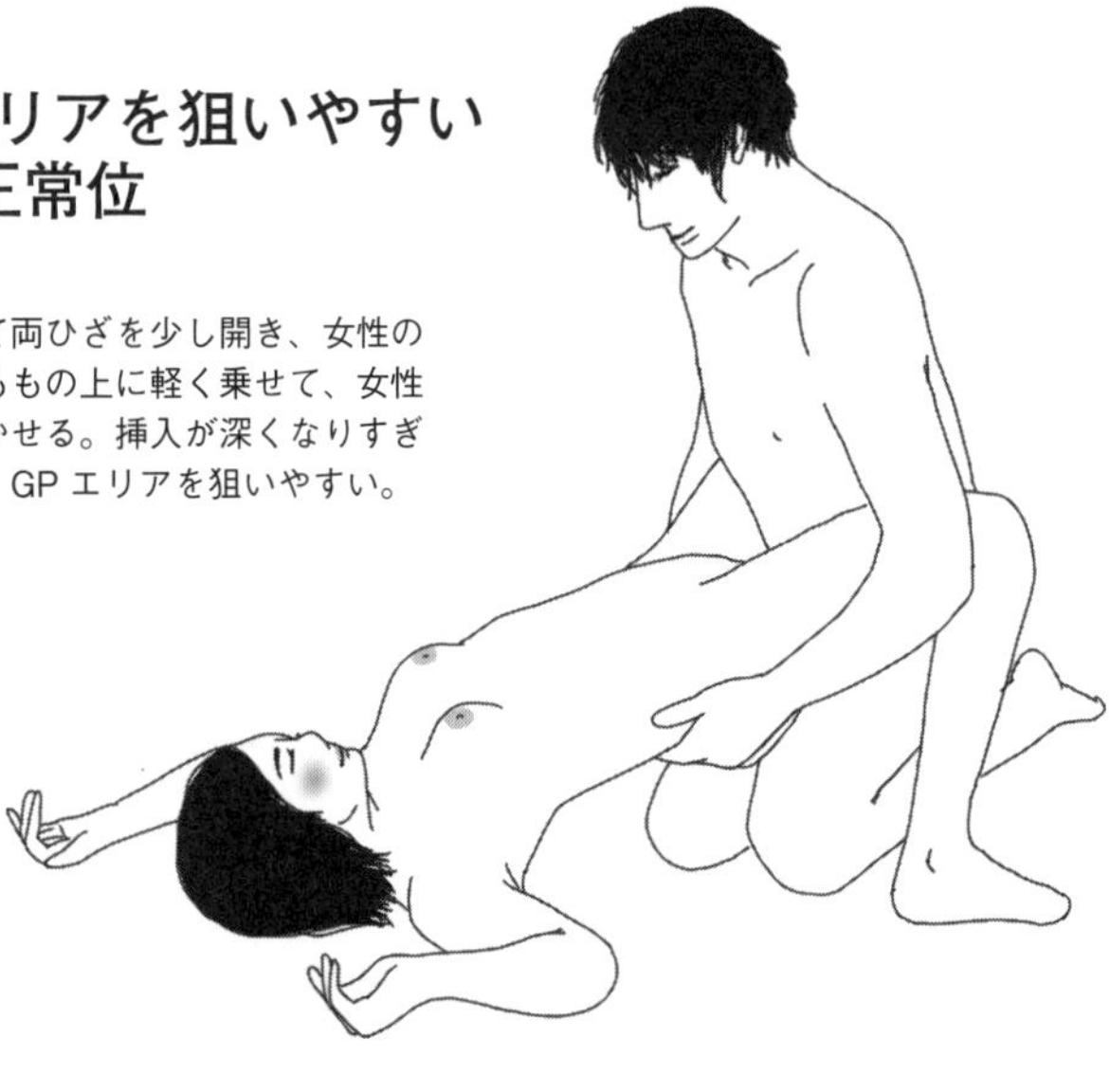

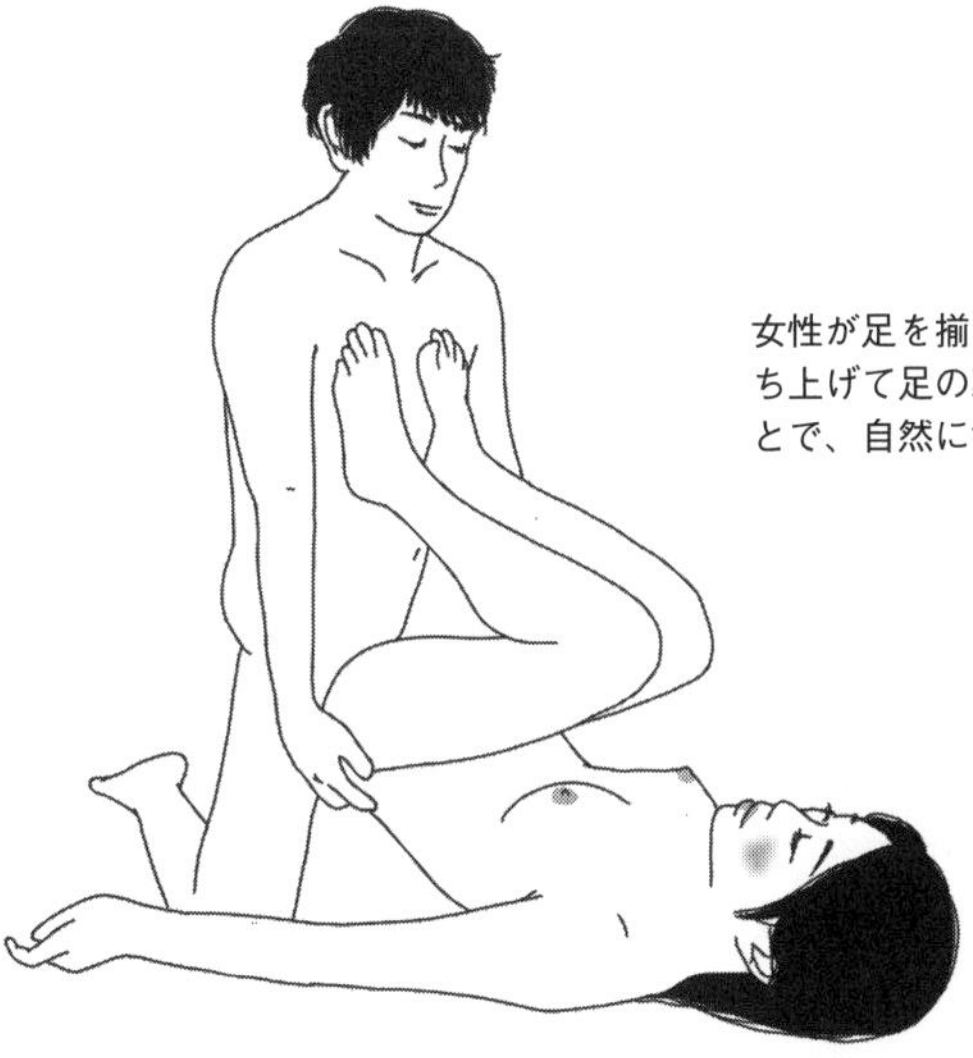

女性が足を揃えて、男性がその足を持ち上げて足の裏を自分の胸に当てることで、自然に女性の腰を浮かせる。

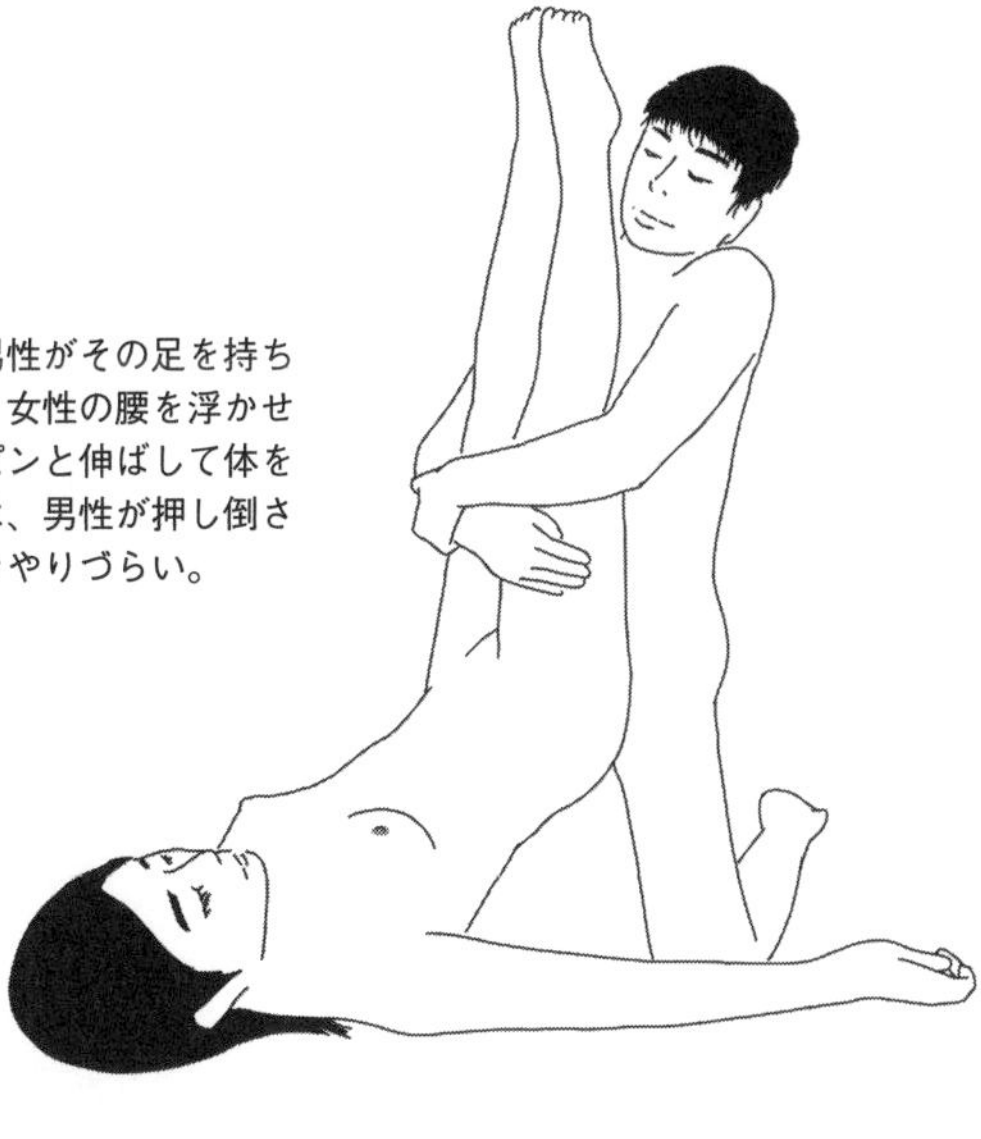

女性が足を揃えて、男性がその足を持ち上げて抱えることで、女性の腰を浮かせる。イクときに足をピンと伸ばして体をつっぱる女性の場合は、男性が押し倒されてしまうので、少々やりづらい。

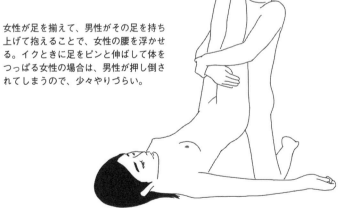

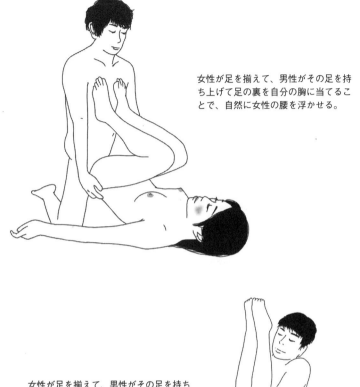

スタミナ不足

ゼロポジション正常位

過酷なAV撮影を乗り切るために生まれた重力と親和した楽メソッド

17手

「腰を動かし続けると、すぐ疲れてしまう」。体力に不安を抱える中高年によくある悩みですが、ちょっとした体の使い方の工夫で、この課題を克服することができます。

もっともオススメの体位は、ゼロポジション正常位。撮影が続くAV男優たちが、体への負担を減らすべく編み出したワザです。

通常の正常位のように女性に覆いかぶさるのではなく、男性がひざ立ちをして挿入するのがポイント。男性が足を開いて腰の位置を下げ、挿入できるポジションに調整します。この姿勢だと、**上体が地面に対して垂直になり、重力に抵抗しないので、疲れにくいのです**。

人間は体を使うときに、上体が重力の軸から離れれば離れるほど、重力の影響を受けてしんどくなります。逆に重力の軸の近くに上体をおけば、ラクに動くことができます。野球やゴルフなど大抵のスポーツでは、直立して体の中心軸からブレずにコンパクトに動く方が効率のいい動きになり、パフォーマンスがよくなります。

このように、**重力の影響を受けずに長時間続けられるラクな姿勢を、僕はゼロポジションと呼んでいます。**

疲れないピストン運動をするためには、もうひとつ、大切なコツがあります。それは、筋肉ではなく**「骨を動かすこと」**。ピストン運動をするときは、**骨盤の前傾と後傾を繰り返す動きだけを意識すれば、必要以上の筋肉を使わずに済みます。**疲れやすい人は、腰と一緒に上半身全体を動かしているため、筋肉に疲労がたまってしまうのです。骨盤の前傾、後傾というと難しく聞こえますが、直立した状態で腰に手を当てて、上半身と足をなるべく動かさず、腰を振ってみてください。手に触れる骨盤の一部が前後に傾いている様子が、確認できると思います。骨盤の前傾・後傾は、以降で紹介する体位のピストン運動においても、意識してほしいポイントです。

ゼロポジション正常位は
ひざ立ちと
骨盤ピストンがポイント

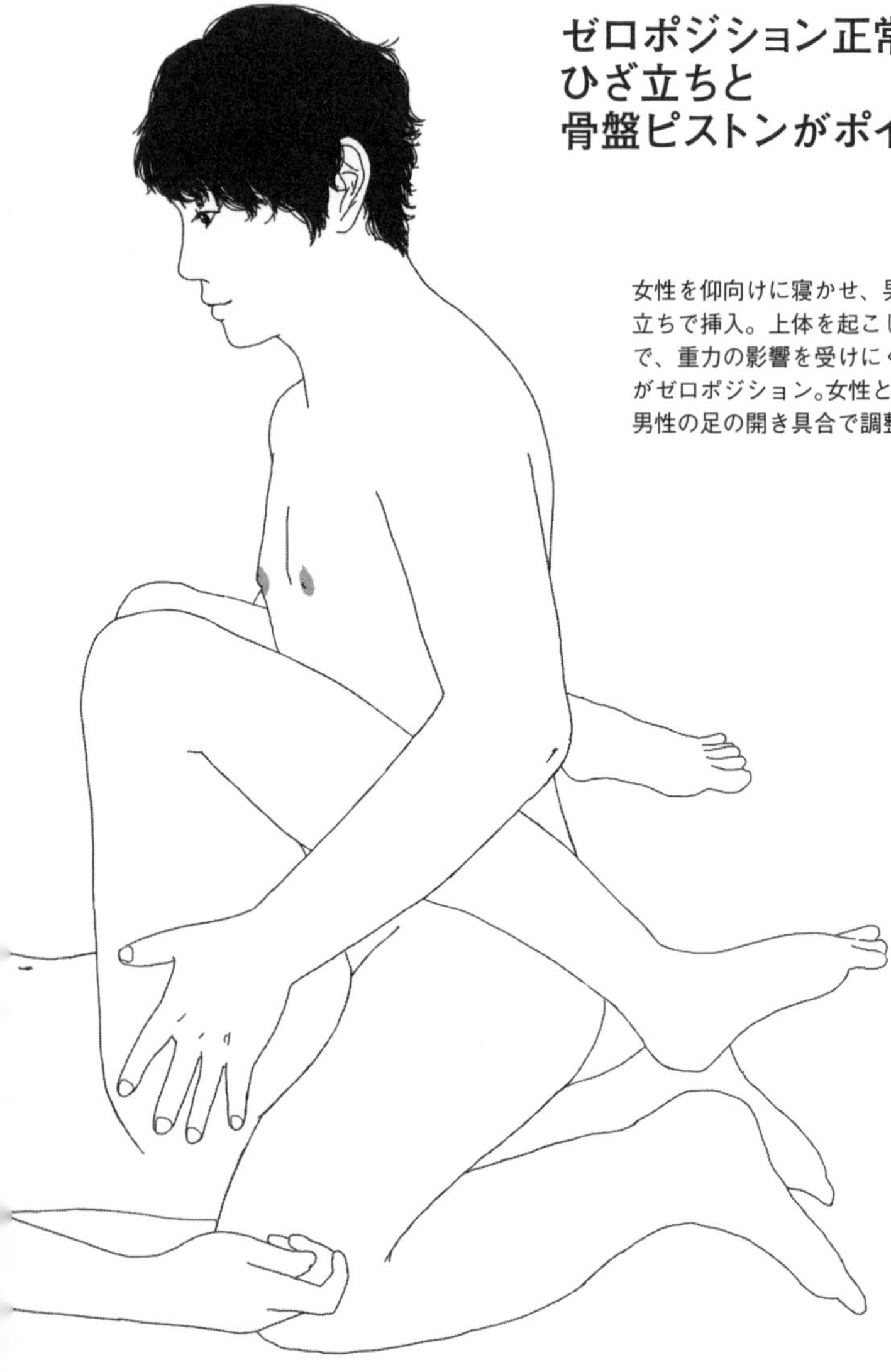

女性を仰向けに寝かせ、男性はひざ立ちで挿入。上体を起こしているので、重力の影響を受けにくい。これがゼロポジション。女性との高さは、男性の足の開き具合で調整。

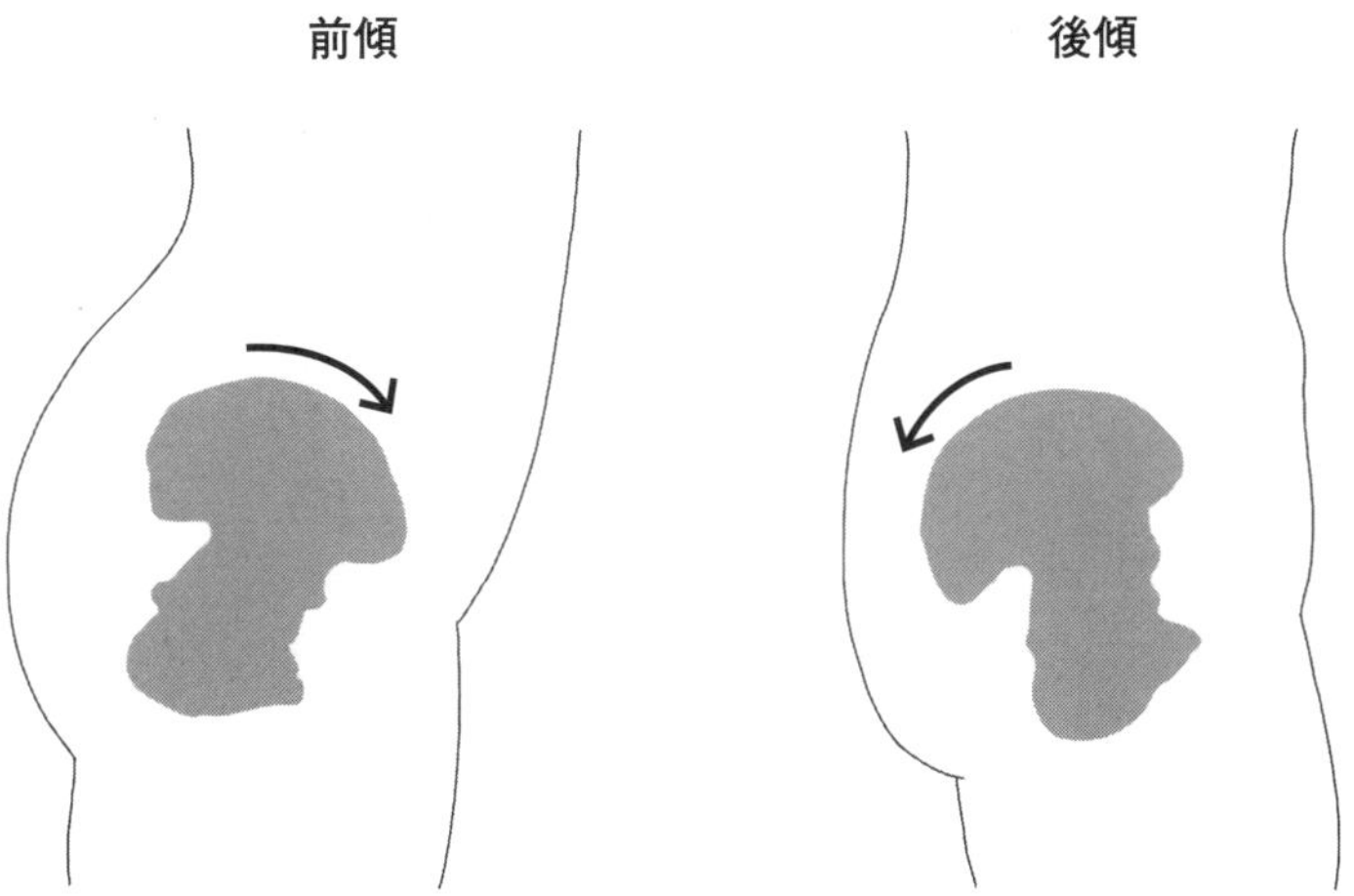

骨盤を交互に前傾・後傾させると、腰が前後に動き、自然にピストン運動ができる。腰に手を当てると感じることができるのが骨盤の感触。直立して腰を振ってみて、骨盤が前後傾するイメージをつかもう。

スタミナ不足

肘《ひじ》つき正常位

骨で体を支える簡単ひと工夫　腕が疲れず、髪の毛愛撫《あいぶ》もできる

18手

女性に覆いかぶさる通常の正常位には、お互いの顔が近づいて親密度が増す効果があります。ゼロポジション正常位でフィニッシュが近づいてきたら、こちらにシフトして、言葉責め（→5手）との合わせワザで気分を盛り上げましょう。た

体力を温存でき、かつ、自由に使える腕で女性の髪をなでることができる。女性は複数の箇所を同時に愛撫されることを悦《よろこ》ぶ。

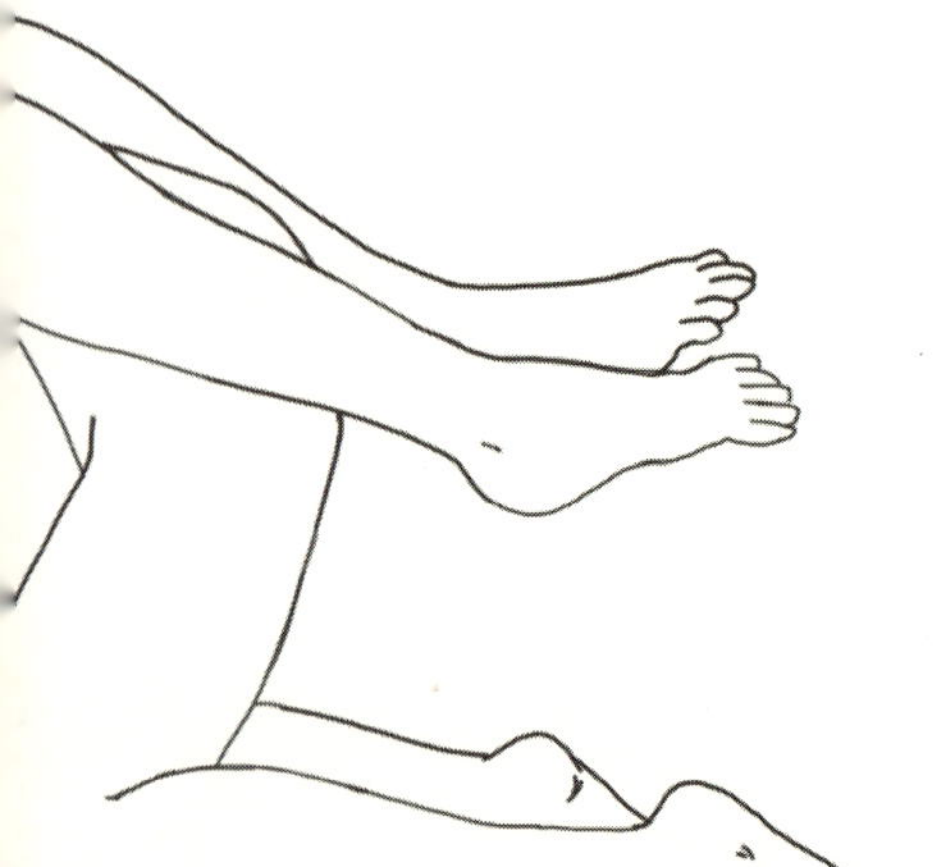

だし、**腕をついて体を支えていると疲れてしまい**、長時間のピストンができません。

そんなときは、**肘《ひじ》つき正常位を試してみてください**。上腕の骨で体を支えるため、腕の筋力を使わずに済み、疲れを大幅に軽減できます。また、両手がフリーになるので**女性の髪や顔をなでることができる点もメリットです**。性感帯は女性の髪の毛や顔にもあります。挿入しながら無理なく愛撫《あいぶ》ができるのは、実は大切なことなのです。

腕が疲れず両手が自由に使える“肘つき正常位”

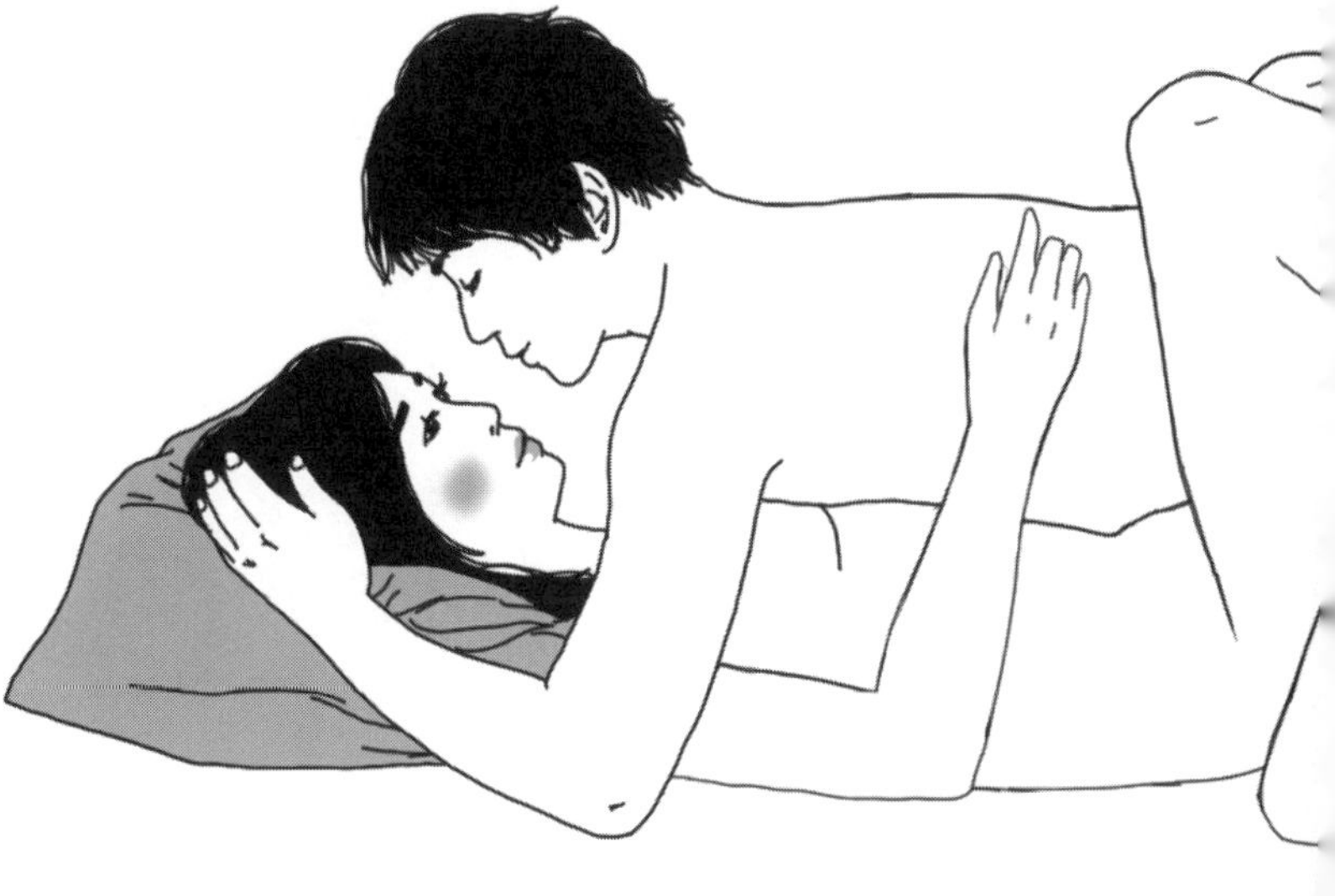

スタミナ不足

19手 田淵式側位《そくい》

男優生活30年の結晶 ゼロポジションでGPエリアを直撃

疲れ知らずで、しかもGPエリアを狙いやすい体位——。それが**「田淵式側位」**。僕が提唱している、側位の変型バージョンです。

通常の側位は、男性も女性も同じ向きで横になり、女性を背後から抱きながら挿入します。田淵式側位では、**男性は横にならず、ひざ立ちで両足を大きく開いた姿勢で、上体を起こしたまま女性の背後から挿入**するのです。

そのメリットのひとつは、男性がラクという点です。17手のゼロポジション正常位と同じで、上体を起こすことで地球の重力に対して垂直になり、**重力の影響を受けないゼロポジションの姿勢**がとれます。その状態で骨盤を前傾・後傾させるだけなので、全く疲れることなく、20分でも30分でもピストンを続けることができます。

田淵式ゼロポジション側位のもうひとつのメリットは、**ＧＰエリアを狙いやすい**ということ。この体位でそのままペニスを前方に突けば、ほぼ自然にＧスポットを突くポジションに収まるため、確実にＧスポットを刺激できます。また、ペニスを女性の上体の方に向くように少し角度をつければ、ポルチオを狙えます。

イクときに足をピンと伸ばして体をつっぱる女性も少なくないのですが、正常位で足ピンをされると、うまく挿入できません。**この体位なら、足ピンされても挿入できますし、女性は思いっきり体をつっぱれるので、イキやすくなります**。両手も自由になるので、おっぱいなど、いろいろなところを愛撫することもできます。

ゼロポジションは、厳密には人によって違いますので、**自分のゼロポジションを普段から見つけるクセ**をつけるといいですね。たとえば駅で電車を待っているときなど、〝1時間でも楽に立っていられそうな状態〟を見つけるのです。見つかるまで、直立したまま体を少しずつ動かして探してみましょう。するとセックスのときも、自分なりのゼロポジションを探すクセがつきます。

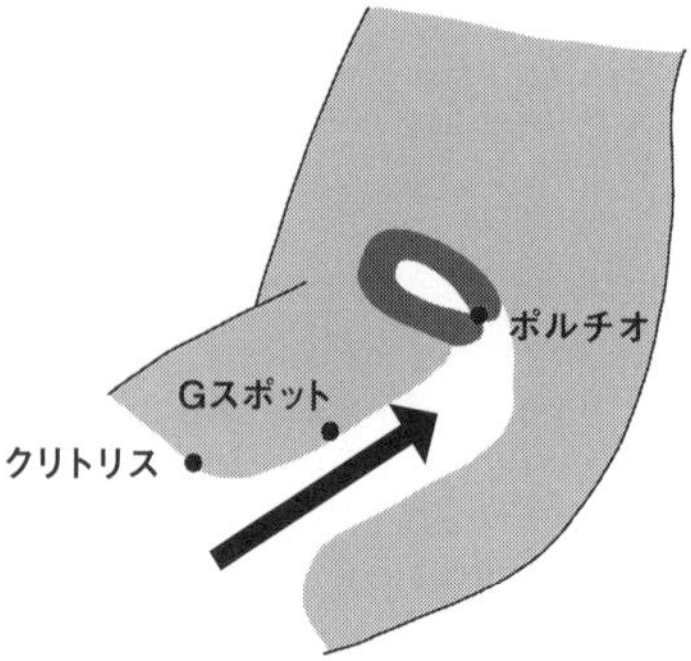

ペニスを女性の上体方向に向けて少し
角度をつけると、ポルチオも狙える。

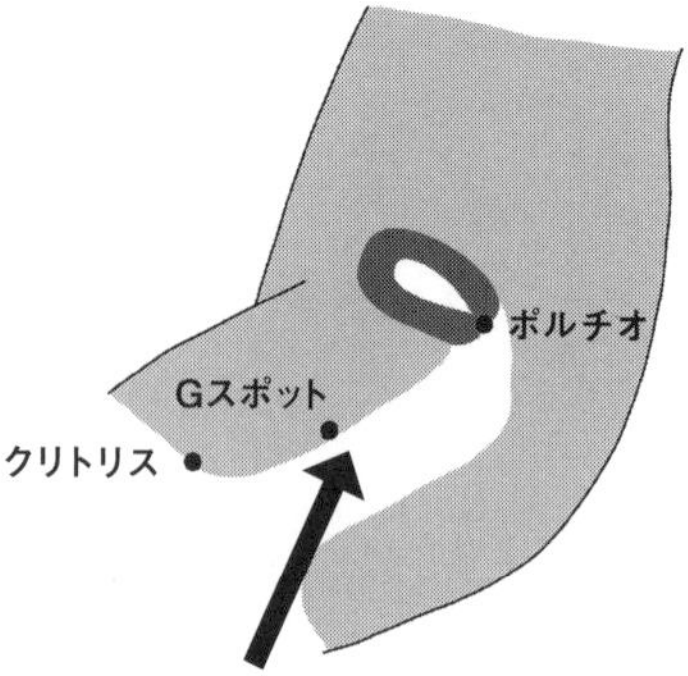

挿入すると、ペニスがそのままGス
ポットを狙える位置に収まる。

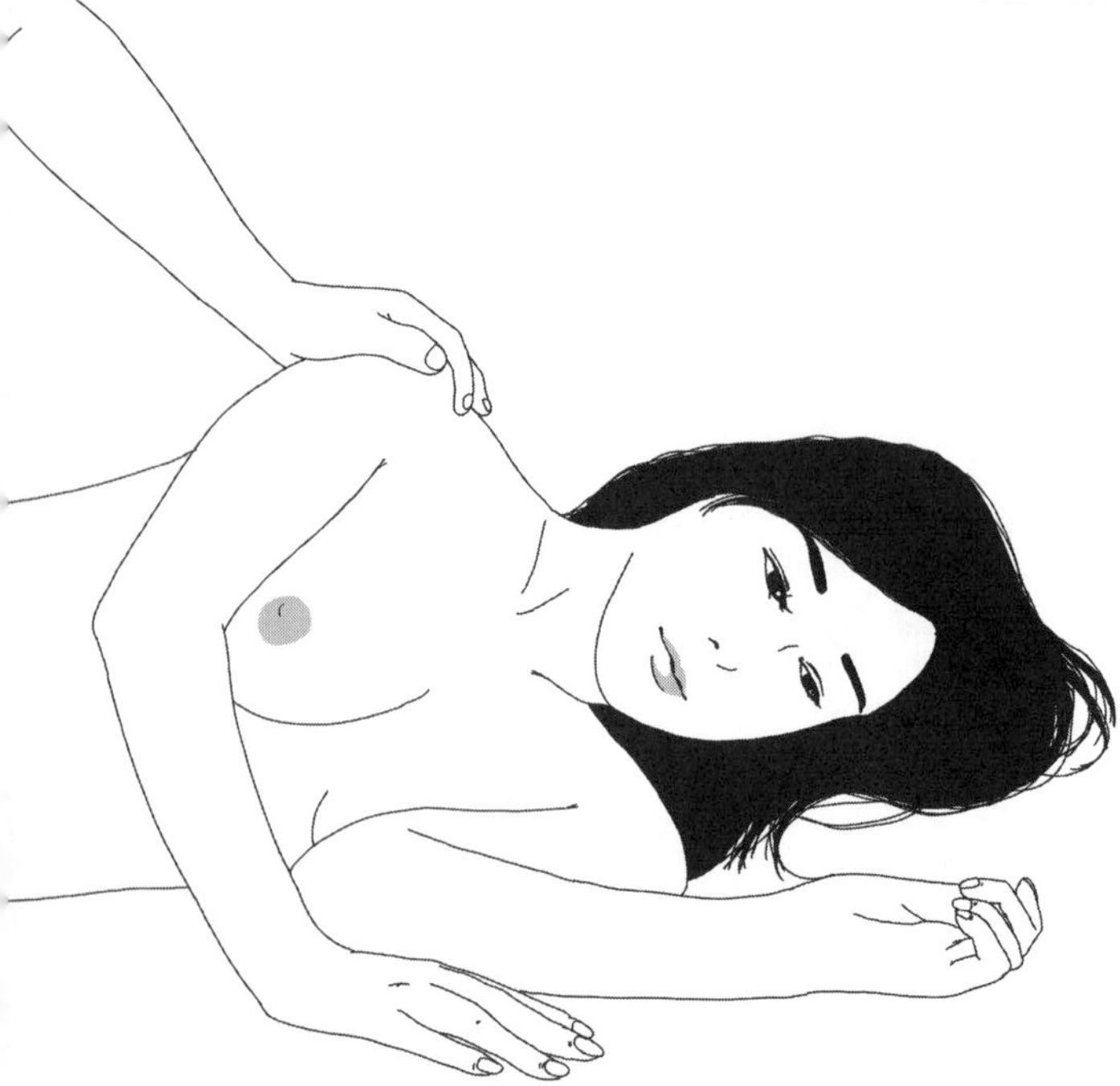

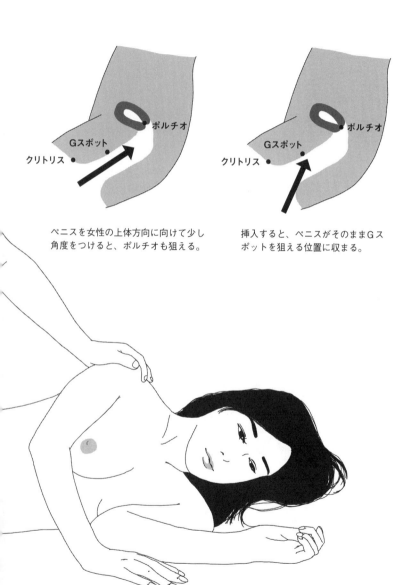

側位の常識を覆す GPエリア直撃の 田淵式側位

男性は上体を起こしたまま、女性の背後から挿入する側位の変型バージョン。30年にわたる現役生活の経験から編み出した。

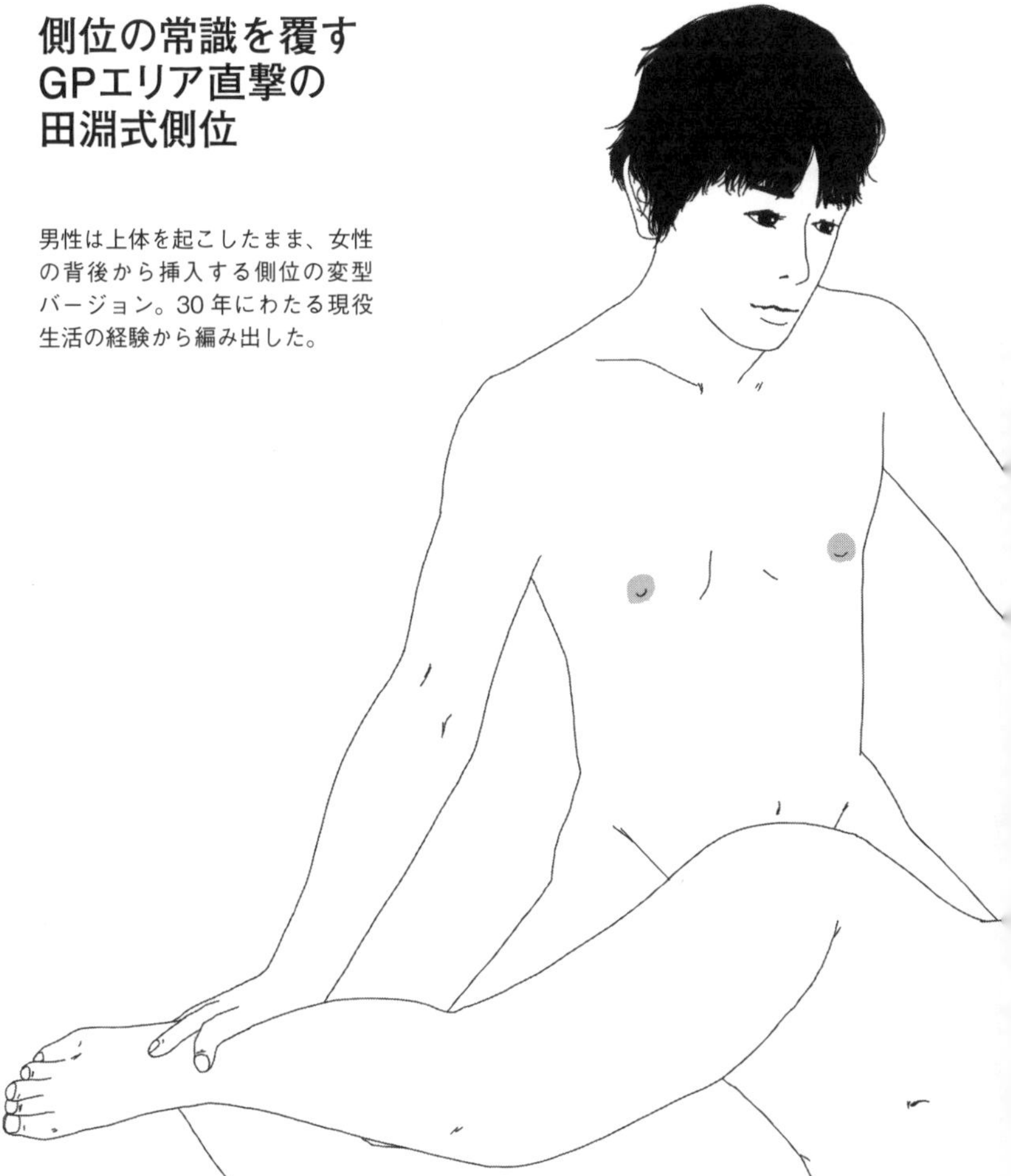

スタミナ不足　腰痛

省エネ騎乗位《きじょうい》

女性の動きに身をゆだねれば膣が悦《よろこ》びに動き出す

20手

そもそも騎乗位《きじょうい》は、男性がラクできる体位です。

では、**さらに効果的な〝省エネ騎乗位〟とは？ それは、男性が何もしないこと。**

女性に「(自分で動いて) 気持ちいいところに擦《す》りつけて」とお願いし、男はあえて頑張らずにいます。気持ちいいところは、女性自身が一番よく知っているのだから、任せてしまった方が断然ムダがありません。女性の動きに合わせてピストン運動をしてもよいですが、そのときは必ず17手の骨盤ピストンです。お尻や太ももの筋肉を使って腰を動かすと、筋肉が硬くなって女性は痛いし、自分も疲れてしまいます。

女性に好きなようにこすってもらうと、女性器は名器になる可能性もあります。悦びのツボにペニスが当たるよう、女性が自分で微調整していると、不思議なことに、膣の中が悦びで勝手に動き出すのです。

騎乗位の変型バージョンに、いわゆるスクワット騎乗位がありますが、女性に体力が必要な上に、下手な女性だと、男性が萎えてしまうこともあります。下手な女性は内股になるので、太ももの筋肉が疲労して動けなくなるのです。うまい女性はガニ股で、つま先とひざがどちらも体の外側を向いているので、姿勢が安定し、スクワットの姿勢を持続できます。内股になっていたら、ひざに手を添えて両ももを外側に開き、ひざの向きをつま先の向きと同じ方向に揃えてあげましょう。あるいは、**男性の胸の上にひざを乗せて**あげてもいいですね。こうすると深すぎる挿入をブロックして、女性が好みの深さに調整しやすくなるメリットもあります。

男性にラクな騎乗位ですが、腰に重みがかかるため、腰痛の人にはキツイかもしれません。その場合は、腰の下にクッションなどを入れるとよいでしょう。コンドームメーカーの相模《さがみ》ゴム工業が出している「背すじピン！」はちょっと高価ですが、腰痛改善を主な目的にしていてオススメです。

男が楽して名器を育てる省エネ騎乗位

男性は仰向けに寝ているだけだが、女性が悦びのツボを探すのに合わせて骨盤ピストンをし、一体感を感じるのもよい。

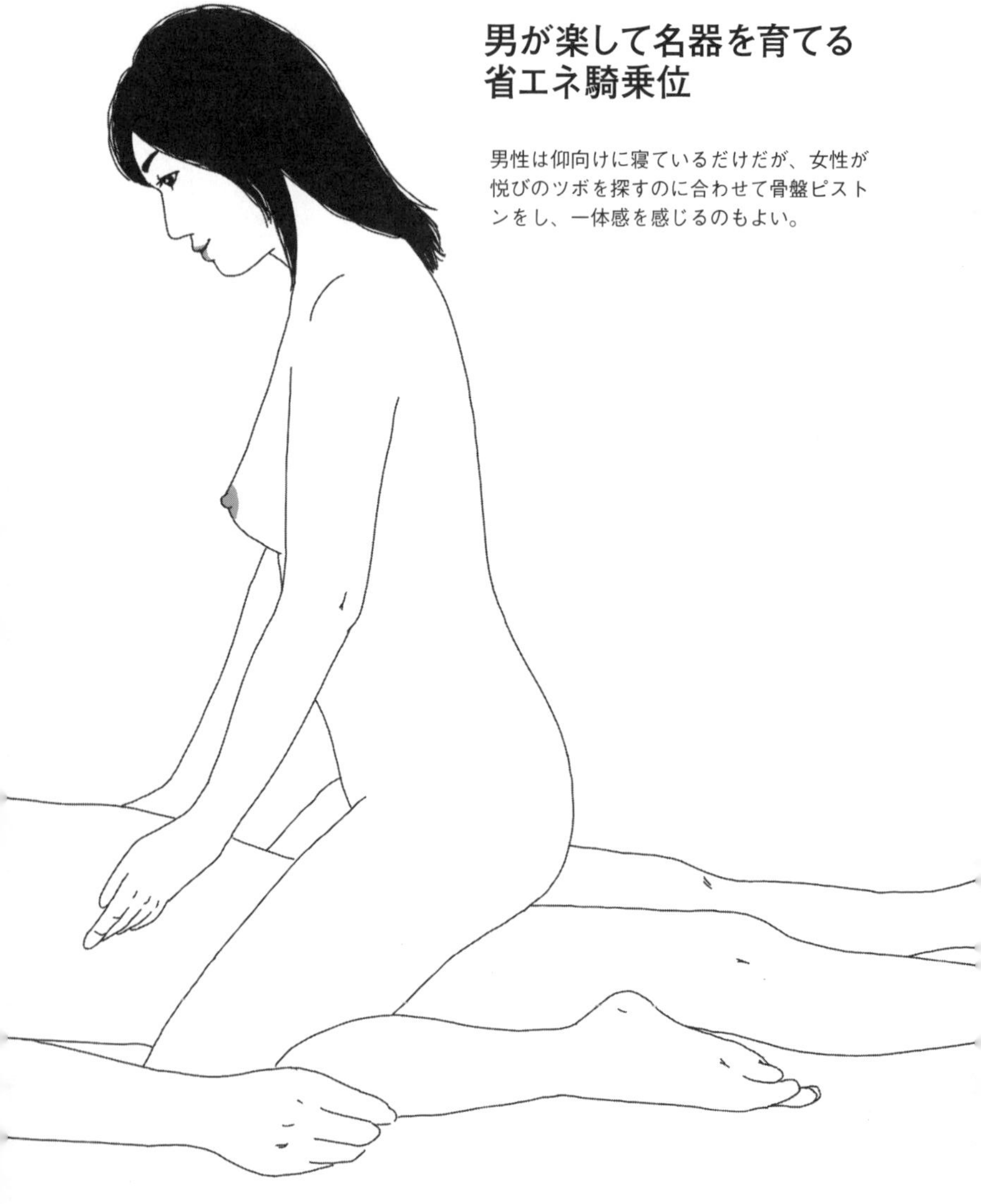

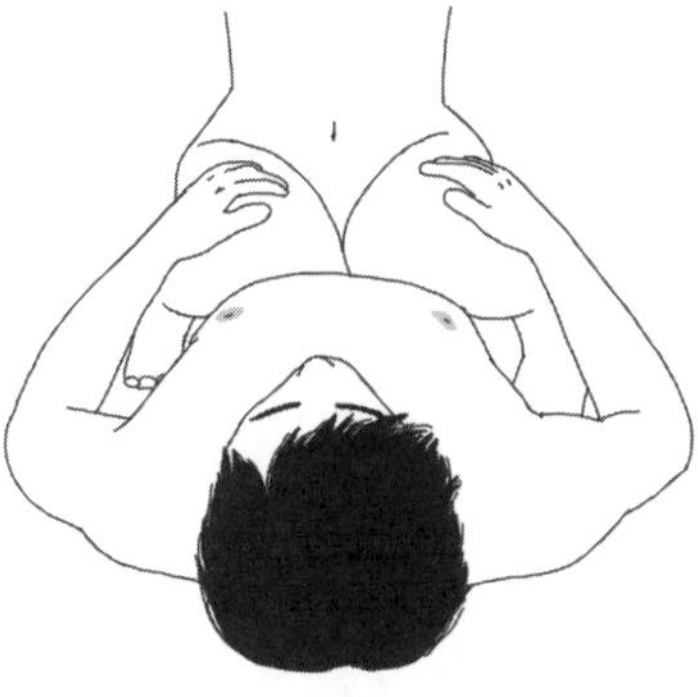

スクワット騎乗位で女性の足が疲れて動けなくなったら、足を閉じて男性の胸の上に乗せてあげてもいい。女性が好みの深さに調整しやすくなるメリットもある。

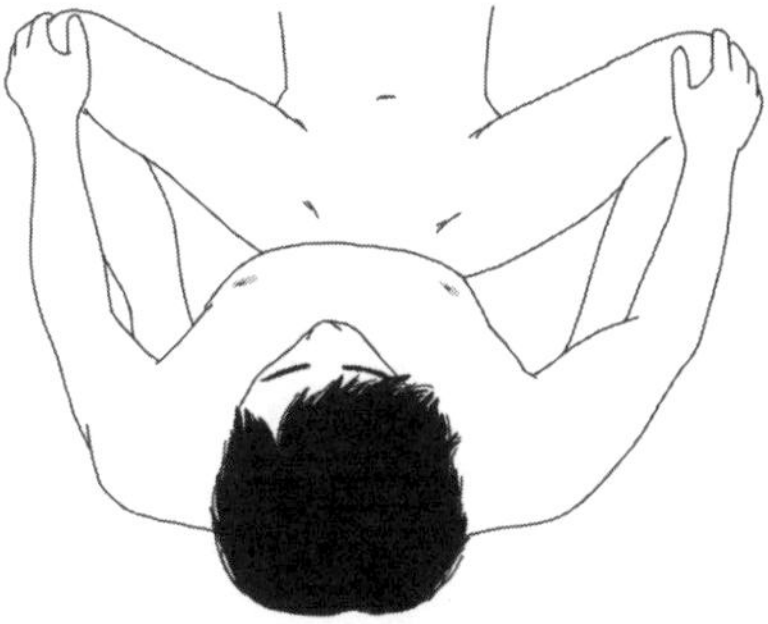

いわゆるスクワット騎乗位。うまい女性はガニ股で、つま先とひざがいずれも体の外側を向いている。内股になっていたら、ひざに手を添えて広げるといい。

中折れ　遅漏

つぶれバック

膣がキュッと締まり中折れ予防に効果抜群！

21手

膣のゆるさは、男性の中折れの原因のひとつ。これは、加齢による骨盤底筋の衰えによるものですので、致し方ありません。しかし、**挿入するときに体位を工夫することで、女性器のゆるみを補うことができるのです**。

例えば「つぶれバック」。

これは本来、バックの際、女性器と自分の腰の高さが合わないときなどに、女性の体を前方につぶす体位ですが、女性が足を閉じる体勢になるので、膣の締まりがよくなります。締まりが足りない場合は、ピタッと足を閉じてもらいましょう。ペニスへの刺激が増し、男性はイキやすくなります。

男は覆いかぶさって女性の背中に上体をくっつけて、密着感を楽しんでもいいし、疲れやすい場合は、上体を起こしてひざ立ちしながら、つぶれバックのゼロポジション・バージョンを試してもよいでしょう。

また、**つぶれバックには、足の閉じ具合を好きなように調節して、自分好みのこすれ具合にすることができるという女性にとってのメリットもあります。**

一般的に、体位の工夫で女性器の締まりをよくするには、**正常位でもバックでも騎乗位でも、女性が足を閉じるといい**と言えます。

例えば正常位の場合、女性が両足の裏を男性の胸に当てたり、男性が女性の足を抱えたりすると、女性の足は自然に閉じます（↓16手）。騎乗位では、女性が足を閉じて、ひざを男性の胸の上に乗せるといいでしょう（↓20手）。

また、男性はペニスが膣壁にこすれる進入角を工夫すると、より刺激が強まり、中折れしにくくなります（↓16手）。

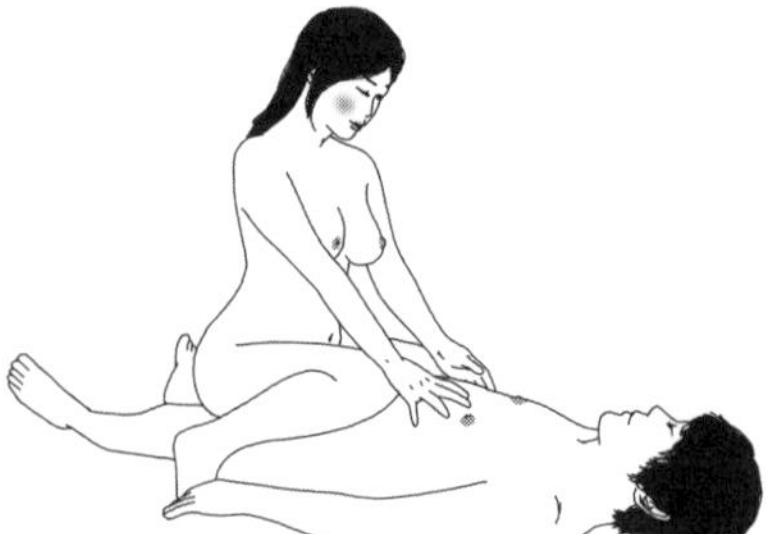

②足閉じ騎乗位

正常位でもバックでも騎乗位でも、女性が足を閉じる体勢なら、女性器の締まりがよくなる。

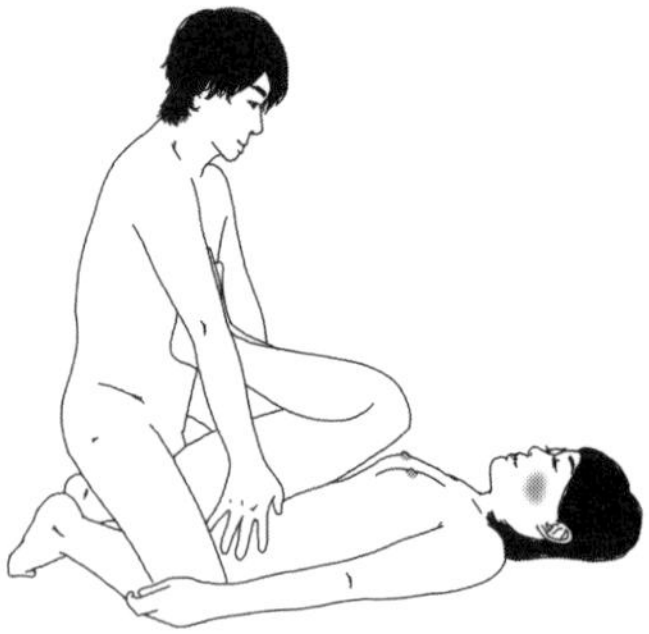

③足閉じ正常位

男は上体を起こして、ひざ立ちで挿入することもできる。長時間同じ姿勢を続けられるゼロポジションの姿勢がとれてラク。

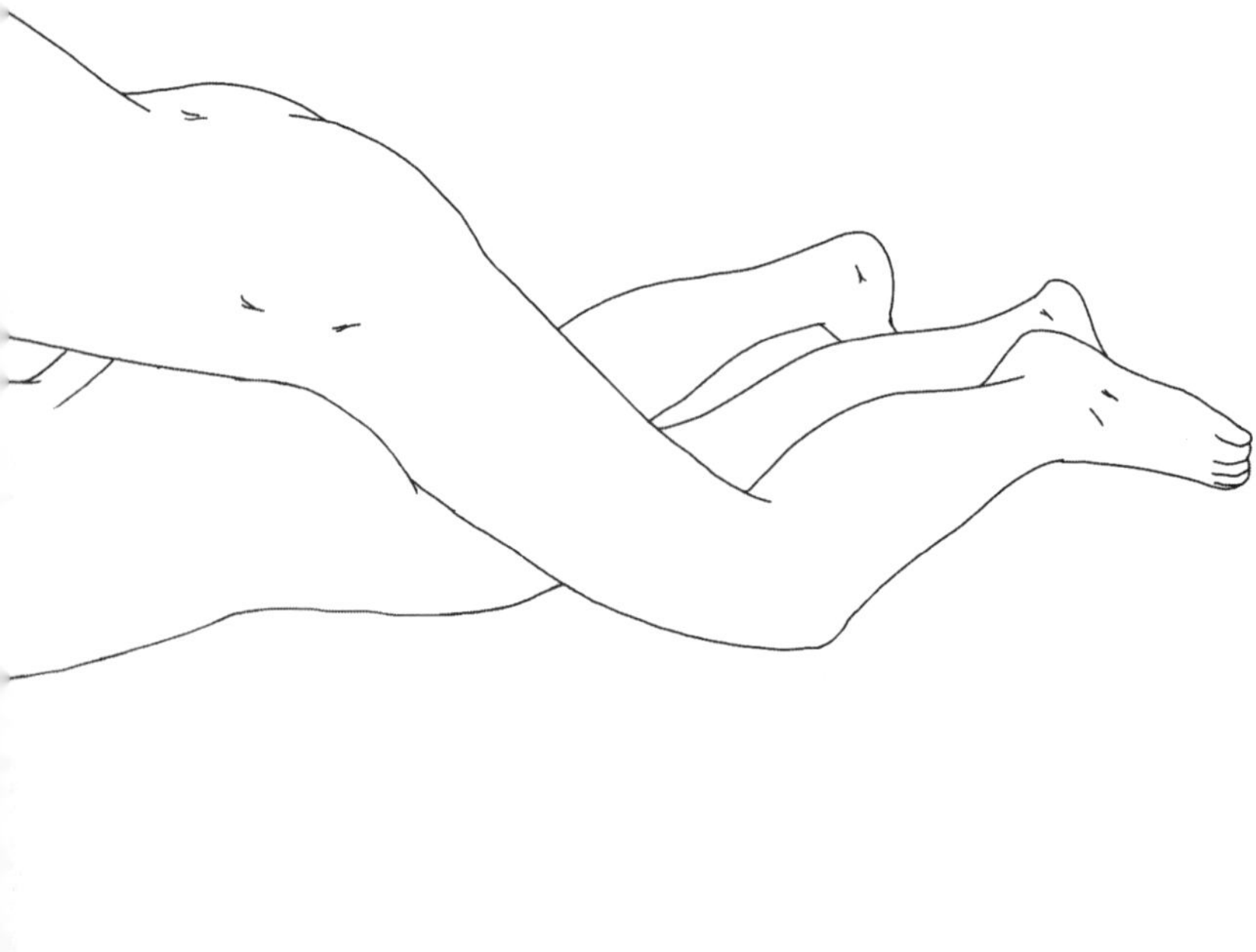

締まった膣が中折れを防ぐ
３大体位の変型バージョン

①つぶれバック

女性はバックから前につぶれるようにうつ伏せになり、腰をちょっと浮かせるくらいの体勢。男性は後ろから両足を外側にしてまたがって挿入。体力的につらい場合は、男性は上体を起こし、足を開いてひざ立ちする“ゼロポジション”の体位にするとラクになる。

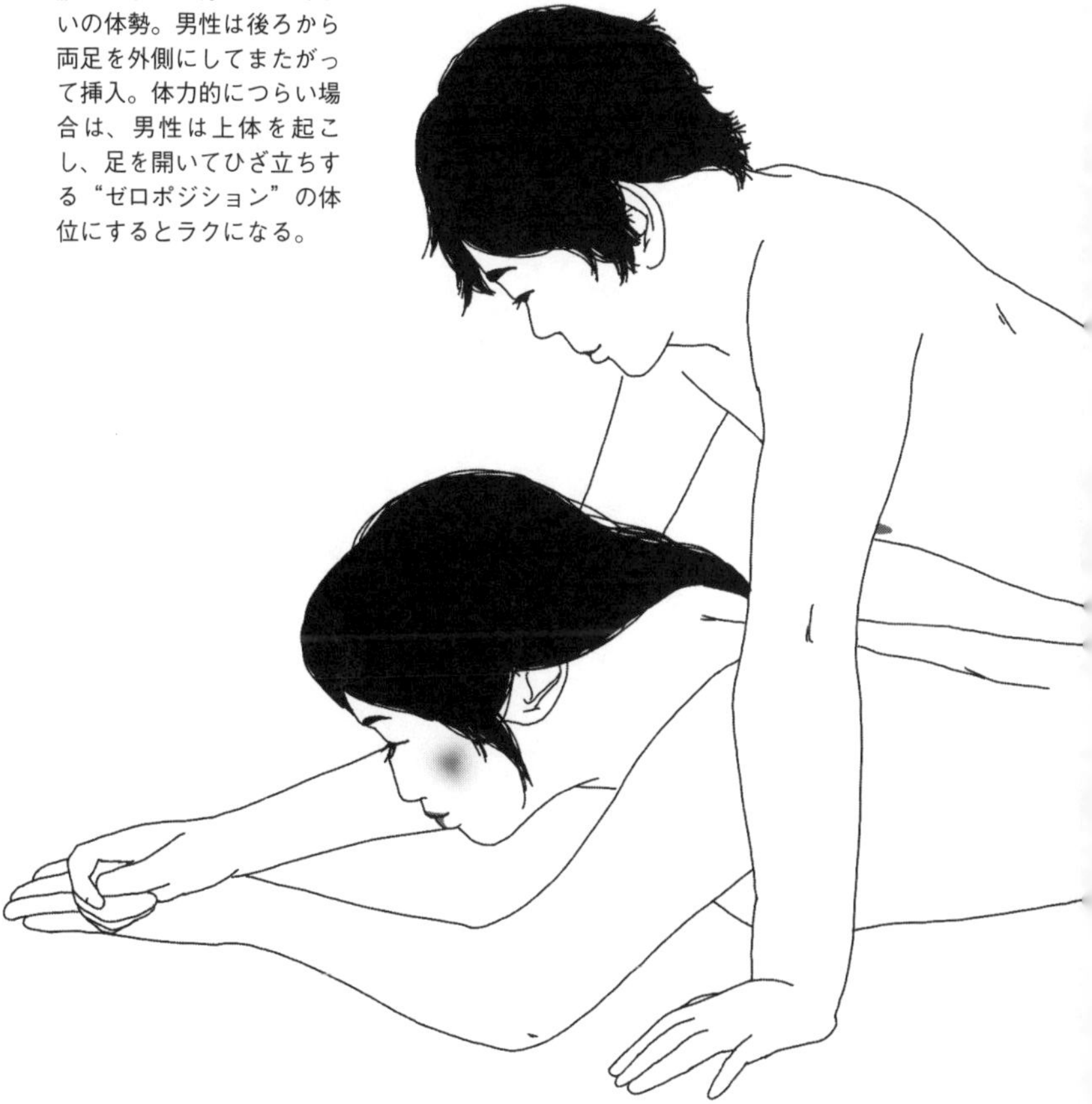

中折れ

抜かずの体位変え

体位は変えたい、萎えは怖い それなら〝抜かずのローテーション〟

22手

「セックス中に体位を変えたいけど、一度ペニスを抜くと萎えてしまう」。そんな悩みを抱えている男性は多いと思いますが、そもそも**「複数の体位で挿《い》れないと、女性は満足しない」というのは思い込み**。本書で紹介した「手」を使って疲れないセックスを実践し、女性に満足してもらえたのなら、それでOKです。とはいえ、**「いろんな体位を楽しみたい」**という男の願望もありますよね。

そんなときにオススメの体位のローテーションは、**①正常位→②対面座位→③騎乗位**の順番。ペニスを抜かずに、しかも無理なく体位を変えることができます。**できるだけ、下腹部を密着し続けるように意識するのがポイントです。**

①正常位

正常位の状態からスタート。

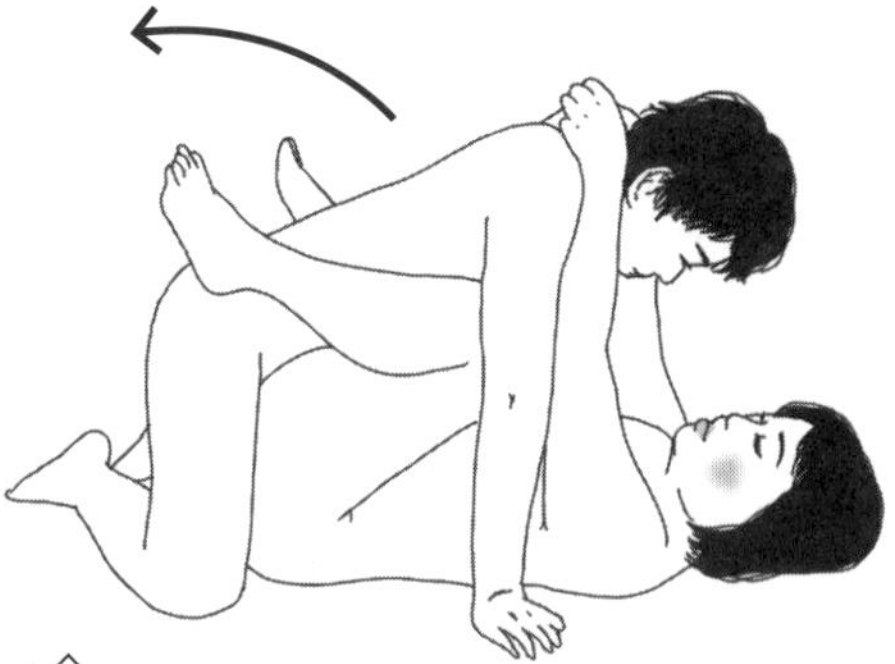

②対面座位

男性が体を起こすとき、女性に首に手をかけてもらい、自分の重みを生かして一緒に起き上がる。

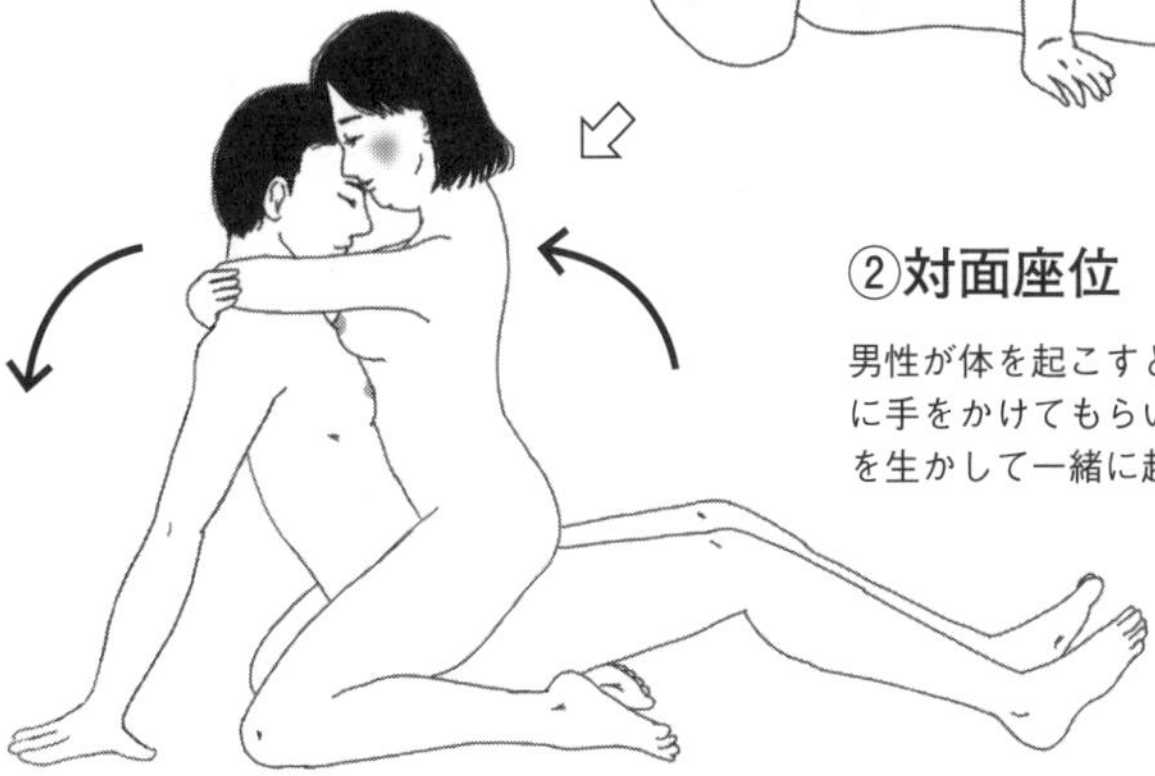

③騎乗位

そのまま後ろに倒れて騎乗位に移行。この３つの体位の流れなら、極力筋肉を使わず、自分の重みで楽に体位を変えることができる。

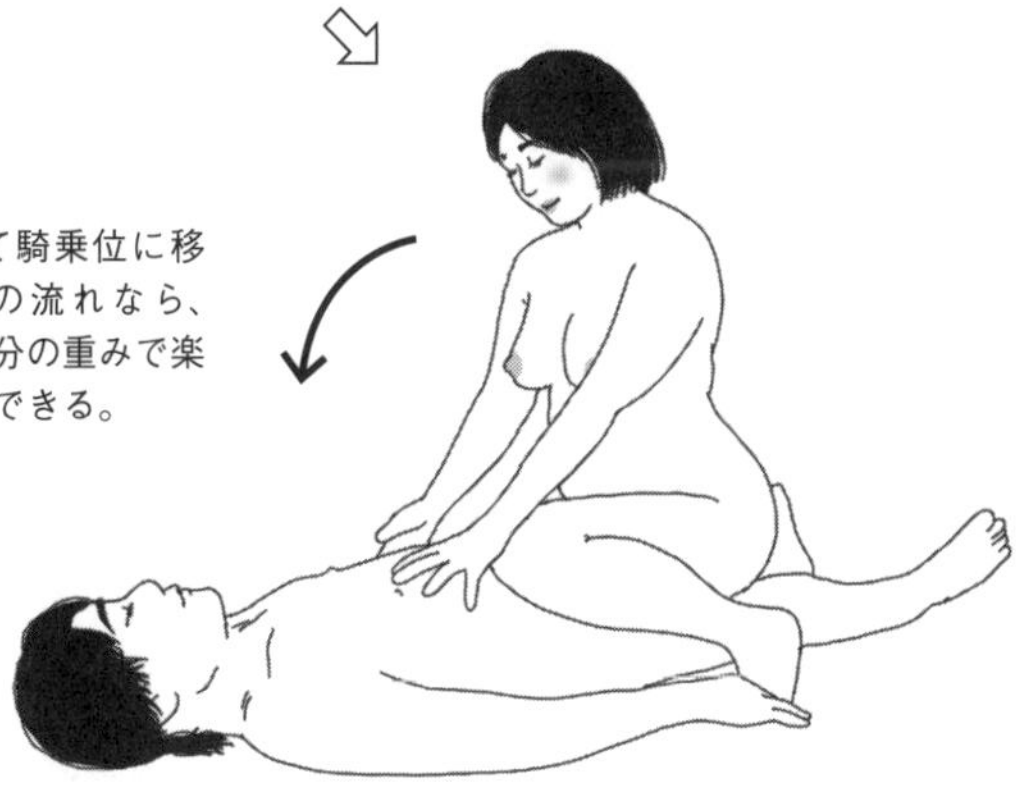

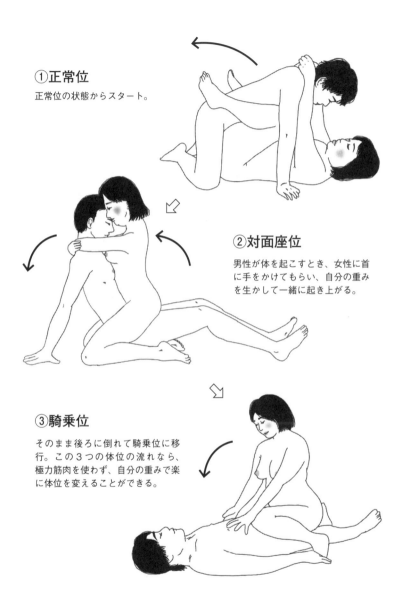

スタミナ不足　マンネリ化

23手

背面倒れ

バックから背面騎乗位へ楽でイカせやすい体位の連続技

もうひとつ、ラクに体位を変える方法をお教えしましょう。

それが、**バックからの背面倒れ**。バックの際に、そのまま2人で後ろへ90度に倒れると、自然に「背面騎乗位」へとシフトすることができます。実はこの2つの体位は、ともに男性にとって体がラクで、かつ女性をイカせやすい効率的な体位です。

まず**バックは、ごく普通にしているだけで、疲れない体位**のひとつ。自然とひざ立ちするゼロポジションの姿勢となり、しかも体をメインで支えるのは太い大腿骨《だいたいこつ》です。その姿勢から骨盤の前傾・後傾を意識して突くようにすると、ラクにピストンが続けられます。

また、バックではGスポットが下側になるため、ピンポイントで突き上げることはできませんが、深く挿入すればポルチオを狙うことはできます。

一方、背面騎乗位では、女性が自分で好きに動いてポルチオを刺激しながら、男性が少し体を起こして乳首を触ったりすると、それだけでイクこともあります。

ポルチオの快感に身を委ねている女性は背中やお尻が敏感になっているので、**背面から背骨や仙骨、アナルを触る**ことも効果的。背面からの複数ポイント責めにより、女性の悦びが極みに達するポジションと言えるでしょう。

この２つの体位の流れ技は、覚えておいて損はありません。

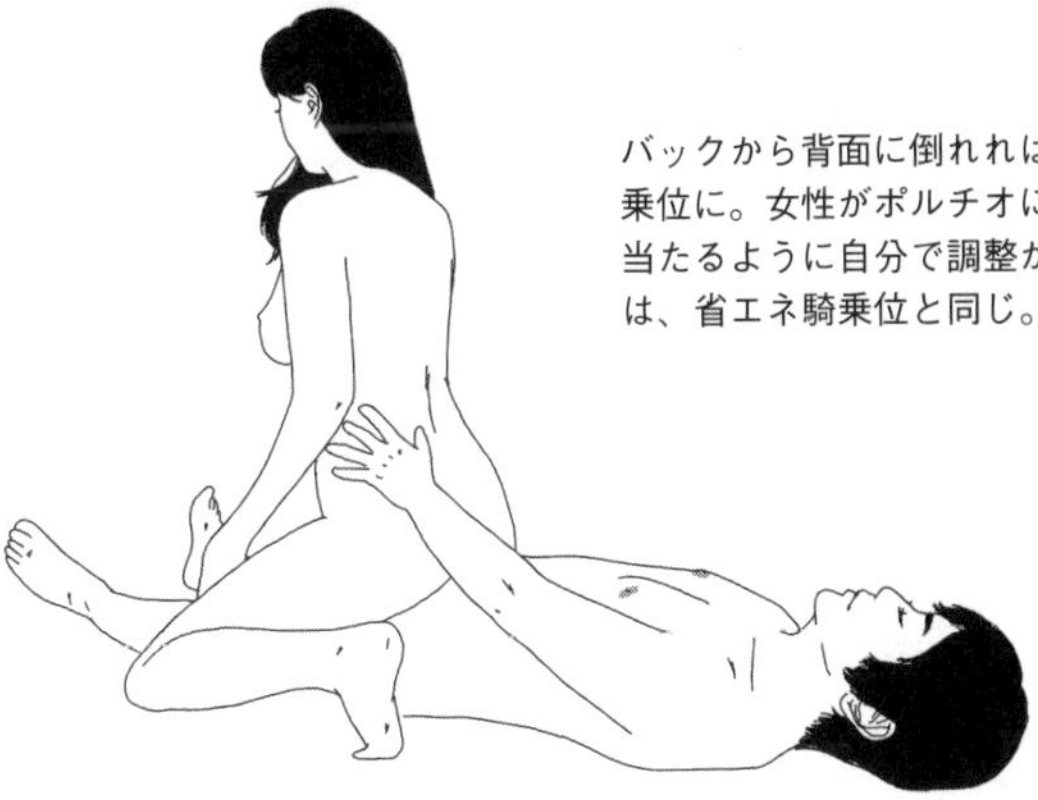

バックから背面に倒れれば、背面騎乗位に。女性がポルチオにペニスが当たるように自分で調整ができるのは、省エネ騎乗位と同じ。

スタミナ不足　女性の性交痛

低速ピストン

1秒で突き、1秒で抜く低速ピストンでツボを探す

24手

もう激しくピストンする体力はないから、女性を満足させられない――。

まず根本的な考え方を改めましょう。**女性を悦ばせるために、ピストンを激しくする必要は「全く」ありません**。AVで男優が激しく腰を動かし、女優が声を出してヨガっていますが、それはほとんどが、見せるための「演出」です。女性器の潤《うるお》いが不足気味な中高年女性は、逆に痛みを感じてしまうことさえあるのです。

ピストンは優しくするものです。ペニスで女性器の質感の一つひとつを味わうようにゆっくりと突けばいいのです。

目安は1秒に1回突いて、1秒で抜くくらいのゆったりテンポ。むしろ、**挿入直後**

はピストン運動をせず、局部同士を密着させたままジッとしていても構いません。そして、ゆっくり腰を動かし始めましょう。

その際に大切なのが、女性器の感触を味わうという感覚です。「この辺かな?」と、一突きずつポイントをずらして女性が悦ぶツボを探していけば、自然にゆったりとしたピストン運動になります。

さらに、**骨盤を前後に傾けること**でペニスを出し入れすれば（↓17手）、何十分でも持続させることができます。

低速ピストンのメリット

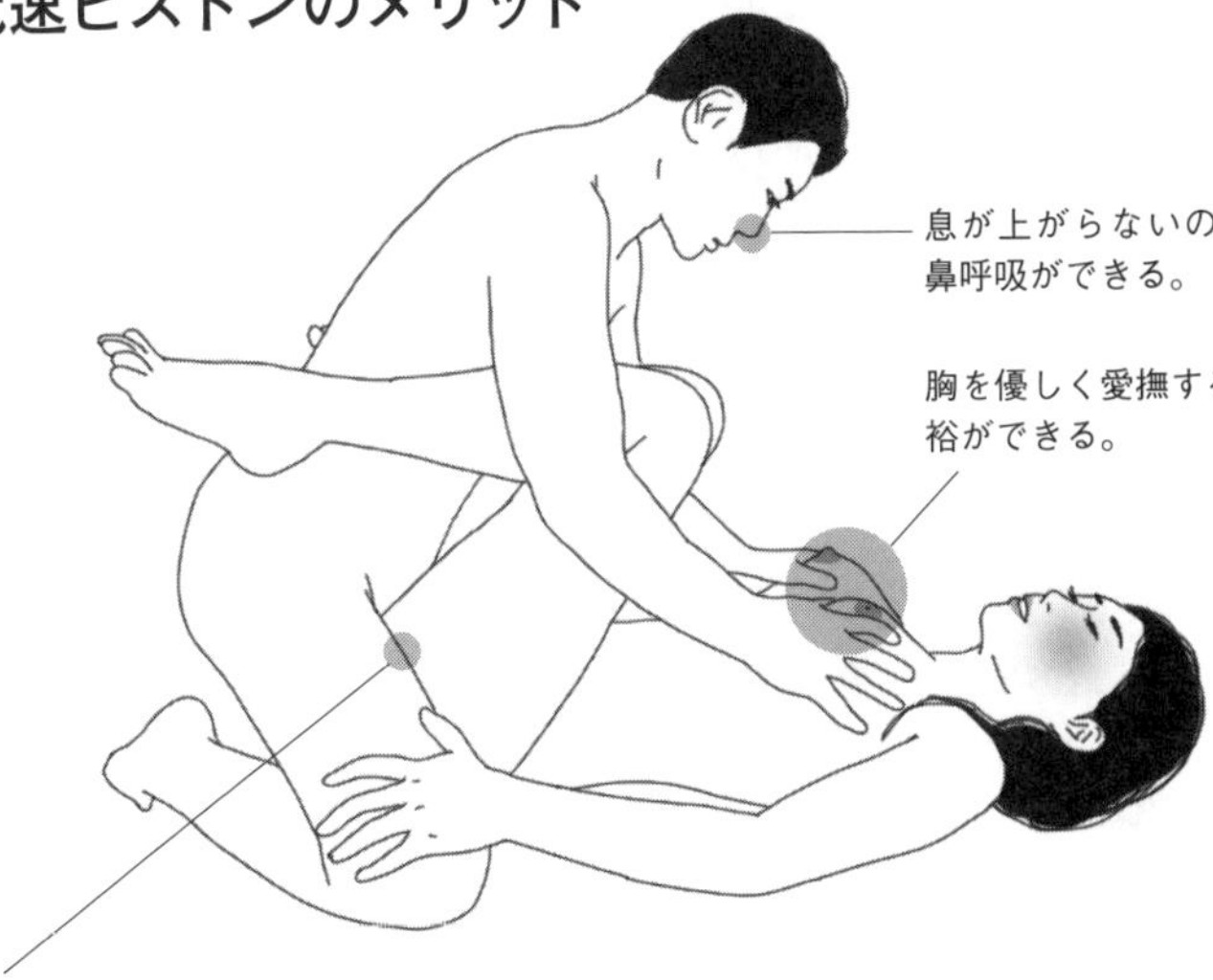
胸を優しく愛撫する余
筋肉を使わないから、女性の体に足があ
たっても、やわらかく、当たりが優しい。

スタミナ不足　中折れ　早漏

25手

鼻呼吸コントロール

呼吸が落ち着き、持続力キープ 鼻呼吸があなたのセックスを救う

なぜ、セックスで疲れてしまうのでしょうか？　ピストン運動が持続できなかったり、中折れしたりする人のほとんどが、口だけで呼吸する「口呼吸」をしています。実は、**持続力をキープするために有効なのは、鼻から空気を出し入れする「鼻呼吸」**なのです。AV男優は、やたらとハアハアと荒い息遣いをしていますが、これは迫力をアピールしているだけ。息苦しくなってスタミナを消費するだけですので、真似をしてはいけません。

鼻呼吸では、口呼吸より一度に取り込まれる酸素の量が少ないので、**呼吸が深く、ゆっくりになります**。そうすると、**心拍数が下がり、疲れが溜まりにくく、集中力が**

高まり、リラックスできるようになります。

セックスのときに鼻呼吸をすると、ストレスから解放され、体力が持続するので中折れしにくくなります。そして一方では、頭が冴えて冷静になれるので、早漏を抑えることもできるのです。

また、口呼吸で口が開いている時間が長くなると、**口腔《こうくう》内が乾燥し、口臭の原因にもなります**。パートナーの耳元に息を吹きかけるときも、臭い口からの息よりも、鼻呼吸で静かに吹きかけるのが断然オススメ。ゾクゾクと興奮させる効果があります。

とはいえ、セックスのときだけ急に鼻呼吸に切り替えるのは、なかなか難しいかもしれません。日本人は、もともと鼻呼吸が習慣づいていないからです。セックスのときに自然に鼻呼吸をするためには、**普段の生活の中で鼻呼吸するクセをつけること**をオススメします。僕自身、鼻呼吸を始めてからセックスの持続力が劇的にアップしました。

鼻呼吸の効果を実感するために、まずは軽くジョギングをしてみましょう。鼻呼吸で走ると、口呼吸のときより明らかに疲れが軽減されるのがわかります。

比べてみよう　鼻呼吸と口呼吸

鼻呼吸

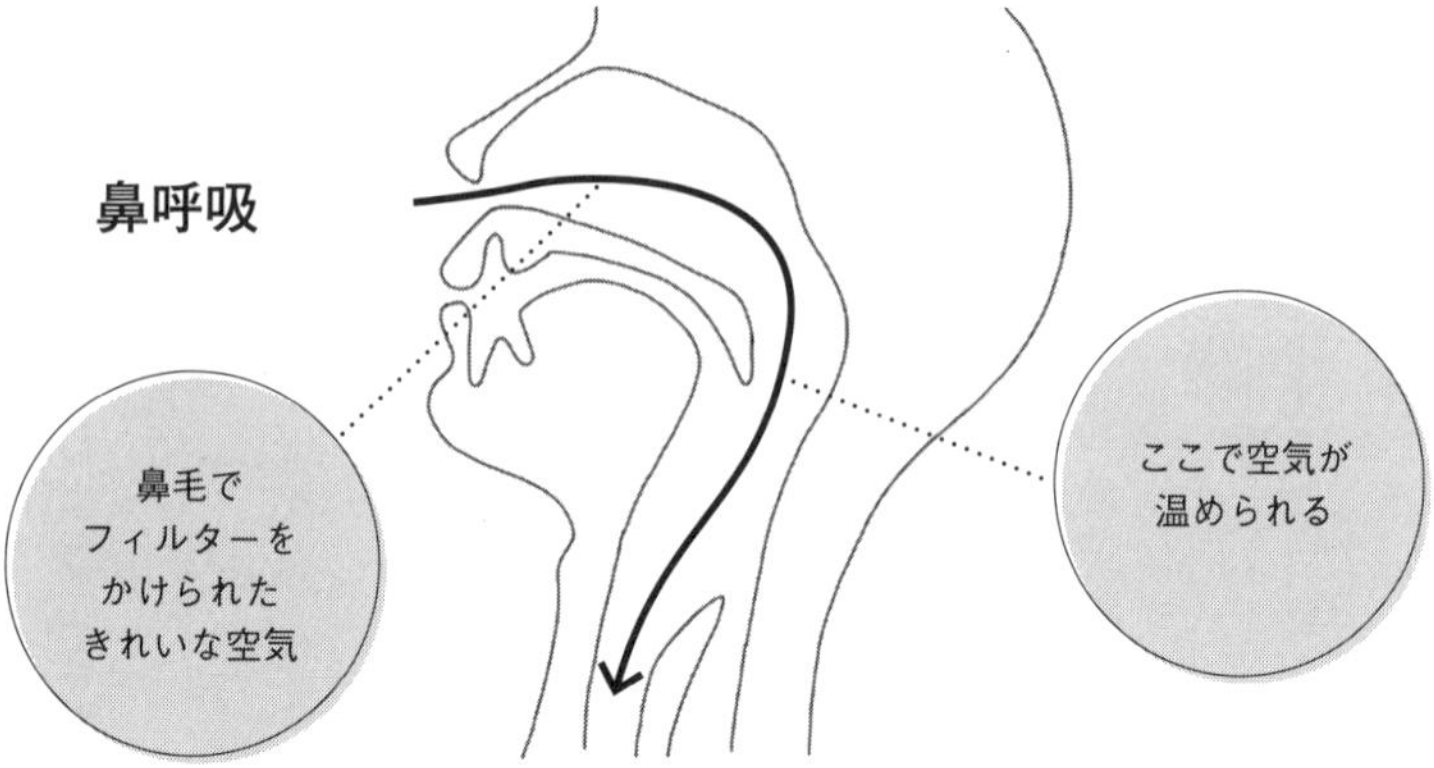

口呼吸

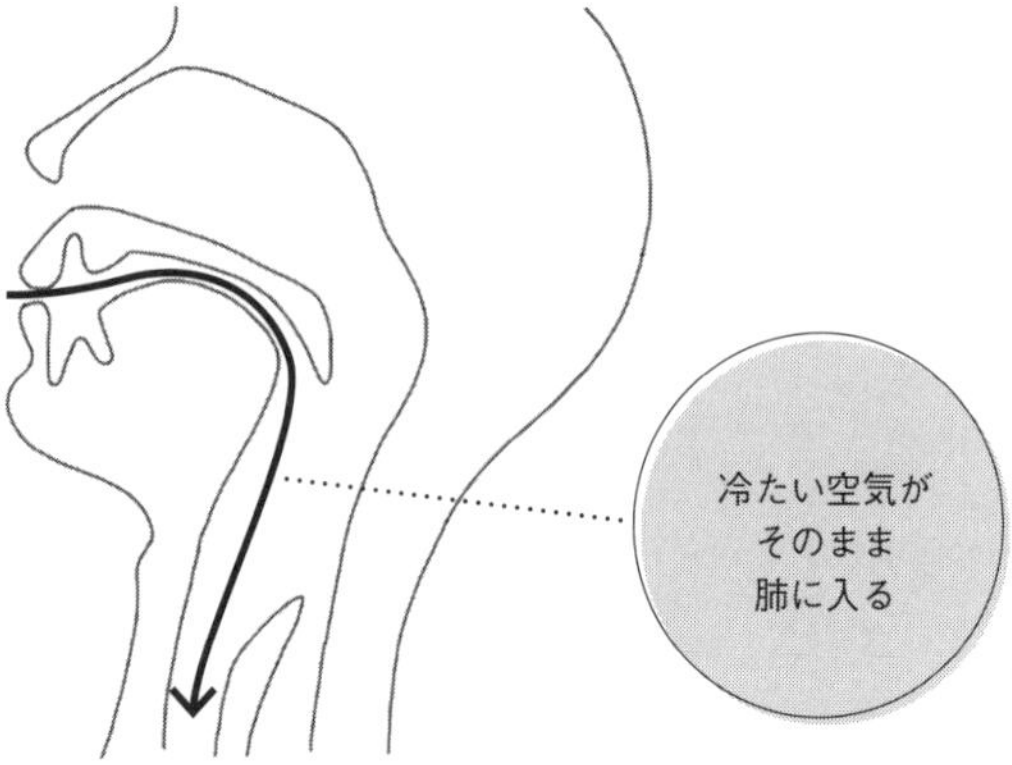

鼻呼吸には、ほこりや花粉などを鼻毛で除去する作用、吸い込んだ空気の加湿・加温によって、風邪などの呼吸器感染症にかかりにくくなるメリットもある。鼻呼吸を習慣づけて、セックスのときにも自然に鼻呼吸ができるようにしよう。

実践！鼻呼吸ジョギング

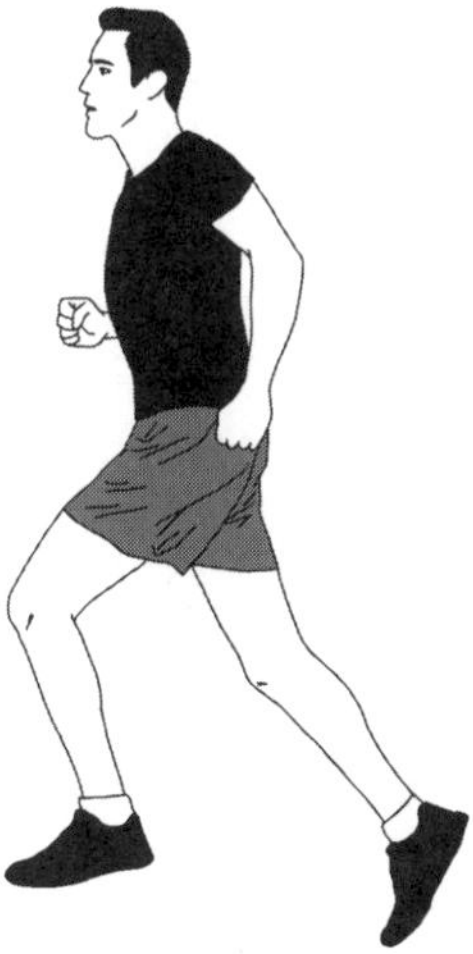

①まずはラクなペースで走り、鼻で呼吸する。

②口を閉じたまま走ると苦しい場合は、ペースを落とすか歩き、呼吸が落ち着くのを待つ。

③運動の強度を上げていく。

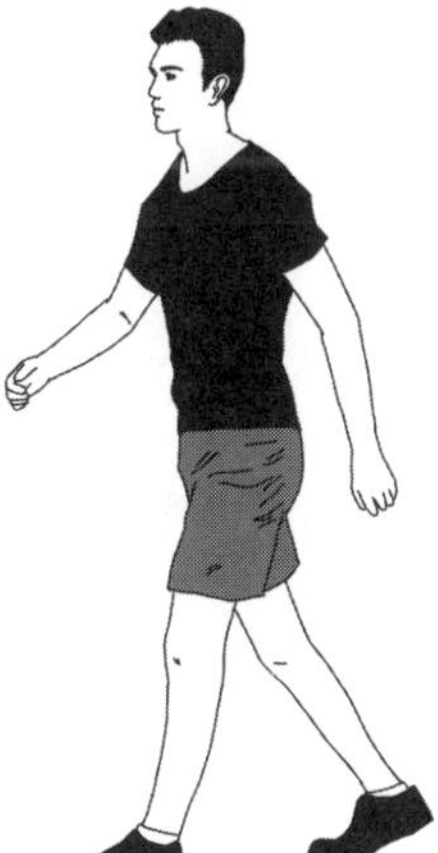

④呼吸のリズムが乱れていたり、口を開けないと苦しい場合は、ペースを落とすか歩く。呼吸が落ち着いたら運動を再開する。

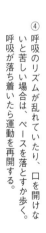

ED　中折れ　スタミナ不足　パートナーの不満

26手

〆《しめ》クンニ・〆手マン

すぐにイッても、イケなくても最後は手や口でイカせてあげる

女性を満足させるには、挿入がすべてではありません。**大事にしたいのは〝終わり〟のあり方です**。

男性は、あいさつ程度におっぱいをペロッとなめて、パッと入れて射精してハイ終わり、みたいな自分本位のセックスに陥《おちい》りがちです。加えて中高年になると、EDや中折れによる途中リタイアも増えてきます。

また男性は、自分が早くイッてしまって、女性が不完全燃焼だった場合、体力的に2回戦が難しい場合も多いでしょう。

それに対して女性は、ある程度時間をかけてイチャイチャすることが好き。前戯は

もちろん、**ベッドでの後戯も含めた全行程がセックスだと考える**傾向にあります。

そんなときは、もう1回クンニや手マンで女性をイカせてあげて、最後は気持ちよく終わらせてあげましょう。

「挿入ではイケなかったけど、最後になめて私をイカせてくれた」。女性を大切に思う気持ちが評価されて、セックス全体を通して合格点をつけてくれるかもしれません。

まさに、〝終わりよければ、すべてよし〟です。

女性に聞きました
〆《しめ》る前のうれしいフレーズ

> 最近忙しくて、
> ちゃんと眠れてなくて。
> ごめん

> きみと
> 久しぶりにできるのが、
> うれしすぎて
> 緊張しちゃった……。
> ごめん

女性のせいではないことをきちんと伝え、〆クンニ・〆手マンに移行する。

パートナーの不満

27手

愛情クールダウン

髪の毛をなでながら、優しい言葉をかける　その心づかいが次のセックスへの第一歩

挿入や「〆クンニ・〆手マン」でフィニッシュを迎えても、それで終わりではありません。むしろ、彼女が興奮冷めやらぬときこそが、男性の優しさや包容力の見せどきであり、愛を深めるチャンス。

急激に冷めていく男性に対して、**まだまだ残り火がくすぶっている女性には、興奮を鎮《しず》めるためのクールダウンが欠かせません**。女性はセックスが終わったあとも、ベッドでイチャイチャしていたいのです。

実際、多くの男性は後戯を面倒くさがります。スッキリして素に戻っているからです。しかし、そんなときでも、髪の毛をなでながら**「素敵だったよ」「かわいかった**

よ」と言ってあげることはできるはずです。
女性の興奮がおさまるまで、そばにいてフォローしてあげる。それが大人のセックスです。**ティッシュやタオルで優しく体をなでながら拭いてあげるのも、立派な後戯です。**

さて、これまでキスから後戯まで、セックスの流れに沿った手を紹介してきました。
最後にアドバイスをもうひとつ。これらのテクニックを駆使しても、体調が悪くてどうしてもイケないときもあるでしょう。そんなときは、イッたふりをするのもおとなの男の優しさ。女性には、自分より相手がイケたかどうかが重要だと考える人も多いのです。

疲れていても面倒に思わず、優しく接して彼女への感謝を伝える。
次のセックスにつなげるために、「女性の満足」を最優先に。

セックスレス　性交痛

28手

潤《うるお》い馬油《マーユ》

女性の味方、一家に一馬油で性交痛をやわらげる！

セックスレスの原因として、**ペニスの挿入時に痛む女性の〝性交痛〟**が挙げられることがあります。女性器を潤《うるお》す愛液は年齢とともに量が少なくなるため、ペニスを無理なく受け入れられるほど女性器が濡れなくなるのです。

そのようなときは、潤滑剤を使いましょう。市販のローションや潤滑ゼリーでももちろん問題ありませんが、**僕はローションの代わりに馬油《マーユ》を愛用しています**。

馬油は、馬の皮下脂肪が原料の油脂で、アトピー性皮膚炎やニキビの治療に使われてきた民間治療薬です。自然素材なので体に優しく安心。しかも、**乳液やリップクリーム、髪パックの代わりにもなります**。価格も手頃なので、プレゼントにも最適です。

田淵さん愛用の無香料馬油

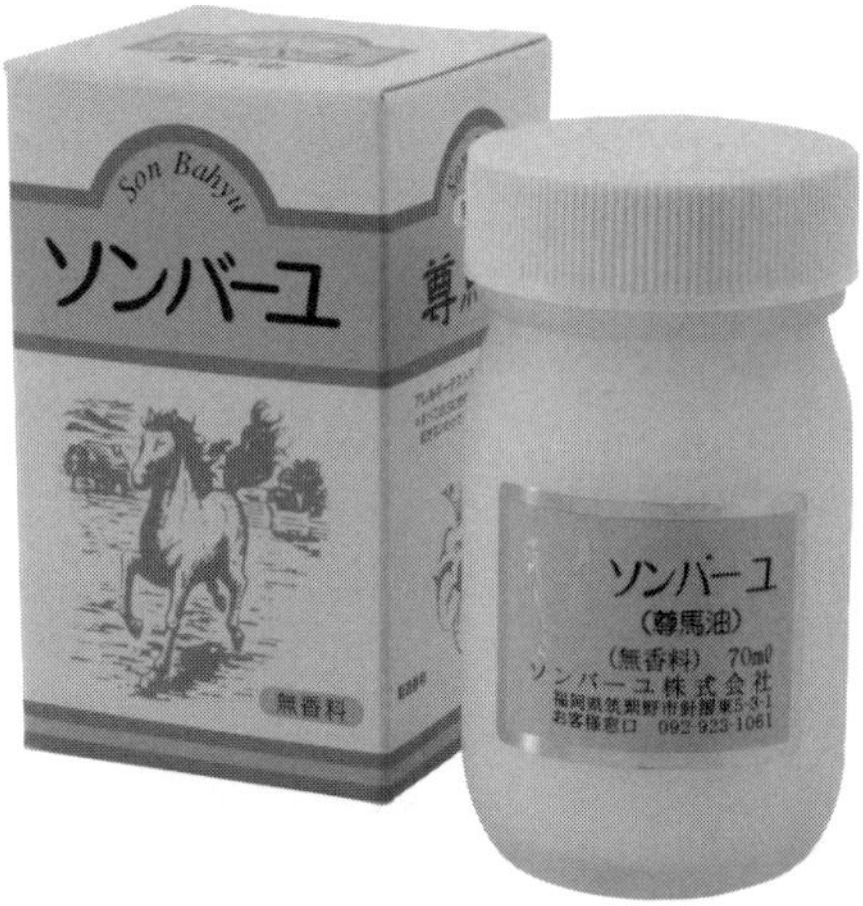

「ソンバーユ 無香料（70ml）」

価格：オープン価格
馬油100%で、肌が敏感な人にもおすすめ。独自の技術で油の匂いを除去しているため、セックス中に女性器に塗っても気にならない。顔や肩、腰などだけでなく、頭髪にも使えるので、全身の保湿ケアにもぴったり。
インターネットの通販サイトでも手軽に購入できる。

中国4000年の歴史を伝える馬油

馬油は、馬のたてがみや腹の皮下脂肪などを煮立たせ、不純物をろ過して作られる、動物性の油脂です。人間の皮膚になじみやすいのは、馬と人の脂肪の組成が近いとされているからです。その歴史は古く、約4000年前の中国の騎馬民族の時代から、切り傷の治療などに用いられていたという説もあります。現在では、敏感な部位にも使えるスキンケア・保湿用品として、注目されています。

セックスレス 女性の性交痛

挿入許可
「挿《い》れていい？」の一言が性交痛を遠ざける

29手

性交痛の原因としては、加齢による潤い不足（↓28手）もありますが、一方で、前戯にかける時間や技術が不十分で、**女性の体の準備が整っていないのに無理矢理ペニスを挿入する、という男性側の性急さ**によるものも多いのです。

性交痛を防ぐには、前戯にたっぷり時間をかけ、女性器が十分に濡れてきたのを確認してから挿入すること。ですが、**一番確実なのは、挿入のタイミングを〝女性に決めてもらう〟ことです**。

ペニスの受け入れ態勢が整っているかどうかは、女性自身が一番わかっています。〝挿れて欲しい〟という意思表示があれば、受け入れ準備は間違いなく完了。パートナーが奥ゆかしい性格で、自分から言いだすのが苦手な場合は、「挿れてもいい？」とそっと聞いてあげましょう。

ただし、有無を言わせぬ調子ではなく、**女性が「少し待って」と言えるやさしい雰囲気を忘れずに**。男性にお伺いを立てられれば、女性は「自分の身体を気づかってくれている」と喜びを感じます。

パートナーの許可が出たからといって、これ幸いと、ペニスを奥までいきなり挿入してはいけません。小陰唇《しょういんしん》が膣に巻き込まれることがあり、痛むので、できるだけゆっくりと挿入するように気づかってあげてください。

パートナーの不満

30手

イッてるサイン

百発百中でオーガズムを見抜くけいれんとセックスフラッシュ

男性の本音として、セックス中に相手が〝イッて〟いるかどうかは気になるもの。パートナーにはセックスで満足して欲しいし、本当に〝イッて〟いることがわかれば、そこでさらに追い討ちをかけて、連続でイカせることもできるはずです。

女性がイッているかどうかを見極めるひとつの目印は、「腹筋のけいれん」です。

オーガズムを感じている女性の多くは、腹筋がピクピク動きます。女性は、オーガズムに達するときには骨盤まわりの筋肉にリズミカルなけいれんが伴うとされ、その際に腹筋も連動するのだと思います。

また、子宮が活発に動くのもオーガズムのサイン。本当に感じているときは、**女性**

のおへその下に手をおくと、腹筋を通して子宮が動いているのを感じられます。そのときに下腹部を押したり、軽くトントン刺激したりすると、連続イキになることもあります。

もうひとつ、女性がオーガズムを感じている目印としてよく言われるものに、**「セックスフラッシュ」**があります。これは、達した瞬間に、**首の周囲や胸元がうっすらと紅潮する現象です**。セックスフラッシュは若い女性よりも、30代以降くらいの女性によく見られる現象とされています。

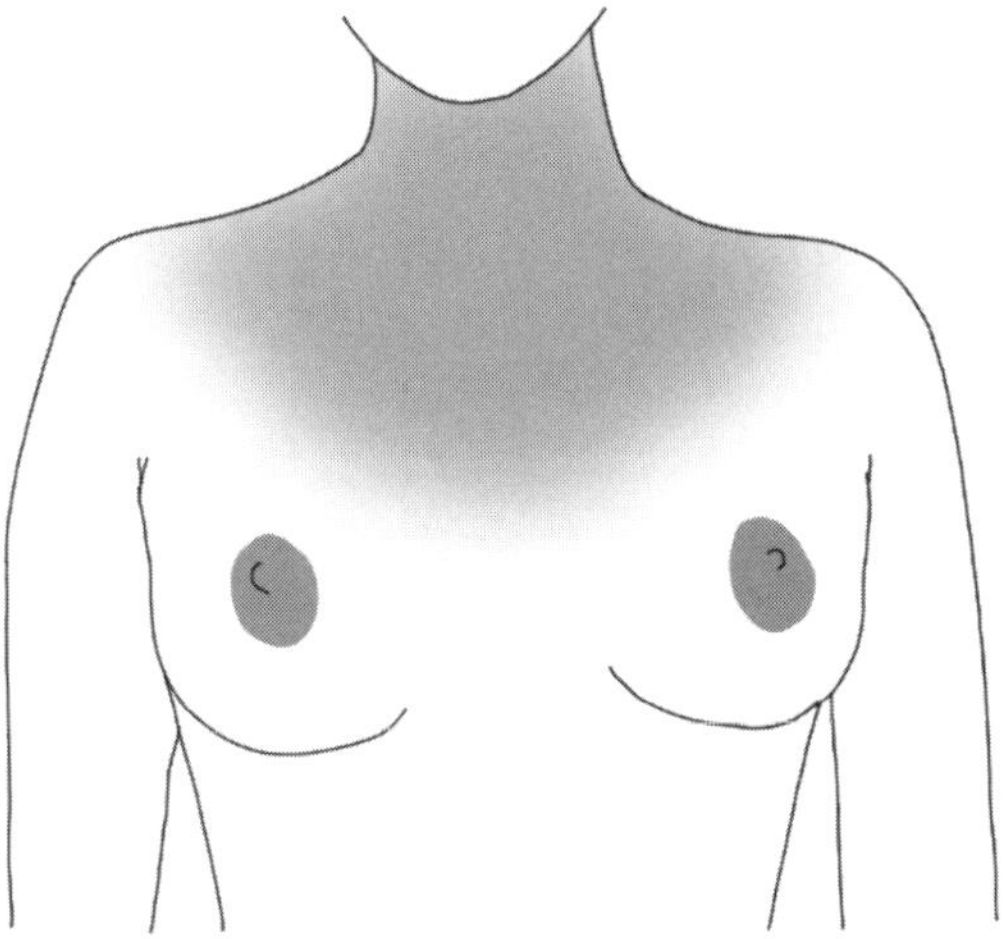

首の周囲や胸元が赤らむ「セックスフラッシュ」は、
女性のオーガズムの目印のひとつ。

ED 中折れ

仙《せん》骨《こつ》さすり・恥《ち》骨《こつ》プッシュ

困ったらひと押し、ひとさすり「名もなき性感帯」を男も応用

31手

女性が不満を覚えるだけでなく、あなたの自信喪失にもつながってしまいかねない中折れの問題。まずは、過度な緊張や頑張りすぎを無くすこと。そのうえで、中折れを解消する2つのテクを紹介しましょう。

4手で、仙骨《せんこつ》を女性の性感帯として紹介しましたが、**実はここは、男性にとっての性感帯でもあります**。試しに、いますぐ仙骨を自分で触ってみてください。ゾクゾクしませんか？

仙骨には穴が開いていて、その中を神経が何本も通っています。そのため、とりわけ敏感な部位になっていて、ここをさすったり、**叩いたりするだけで、勃起力が回復**

することも少なくありません。ピストン中に「マズい……」と感じたら、片手を仙骨に当てて刺激してみましょう。すると、萎えかけていたペニスが元気を取り戻すことがよくあります。

もうひとつ、個人差はありますが、**恥骨《ちこつ》の上も男性にとっての性感帯。恥骨からおへそまでのライン上を２～３本の指で、痛気持ちいいくらいに圧迫します。**

僕の場合は便通もよくなりました。この部分の奥には小腸があり、恥骨の上が押されると小腸も圧迫されるからでしょうか。便通は健康のバロメーター。健康になれば、勃ちがよくなり、セックスにも強くなりますよ。

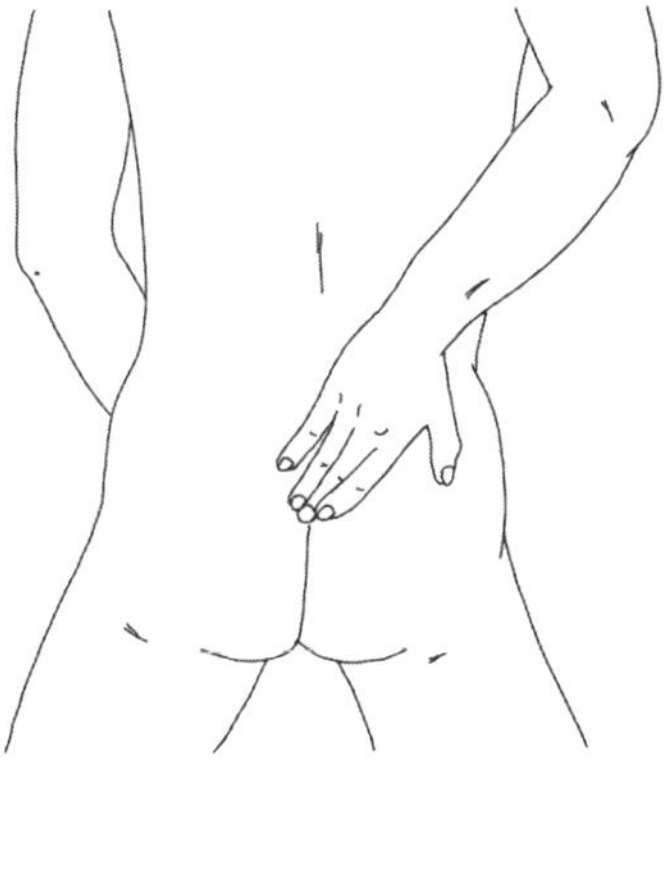

中折れ解消２つの方法

①仙骨をさする

仙骨をさすったり叩いたりしたときに感じるゾクゾク感が、勃起の回復に効く。

②恥骨の上を押す

挿入しながら恥骨のちょっと上ぐらいを指でズボッと押すと、中折れが解消することがある。一度ペニスを出してから、ここを押しながらしごいてもOK。女性に押してもらってもいい。

中折れ

中折れ応急処置 32手

「キス」「乳首なめ」「手コキ」好みに応じて勃起を回復

仙骨や恥骨の上をプッシュしても中折れしてしまった……。ご安心を。**AV男優にもよくあります**。そんなとき、男優たちは、いろいろな方法を駆使して復活させています。

業界で一番多いのは、「キスしてもらう」です。萎えてしまったとき、女優さんにお願いして、キスしながら自分でしごいたりします。**次に多いのは「乳首をなめてもらう」**。女優さんに乳首をなめてもらいながら、自分でしごいたりします。

手コキをしてもらうと勃つという人もいますが、手コキが下手な女性も少なくありません。その場合は、**自分が気持ちよくなるように、具体的にお願いしてあげましょ**

う。５手で「女性が感じるポイントがわからなかったら聞いてみること」とお伝えしましたが、これは立場が逆転しても同じことです。

ペニスをなめてもらうのはもちろん効果絶大です。**いずれも女性にお願いする形で、自分のやって欲しいように、下手《したて》に出つつ上手に誘導していってください**。

どうしても回復しなければ、最後の手段は、〆クンニ・〆手マンです（↓26手）。女性は必ずしも、挿入でのオーガズムだけを求めていません。長い時間をかけて、手を替え品を替え試すよりは、挿入はあきらめて別の手段に移行したほうがよい場合もあります。

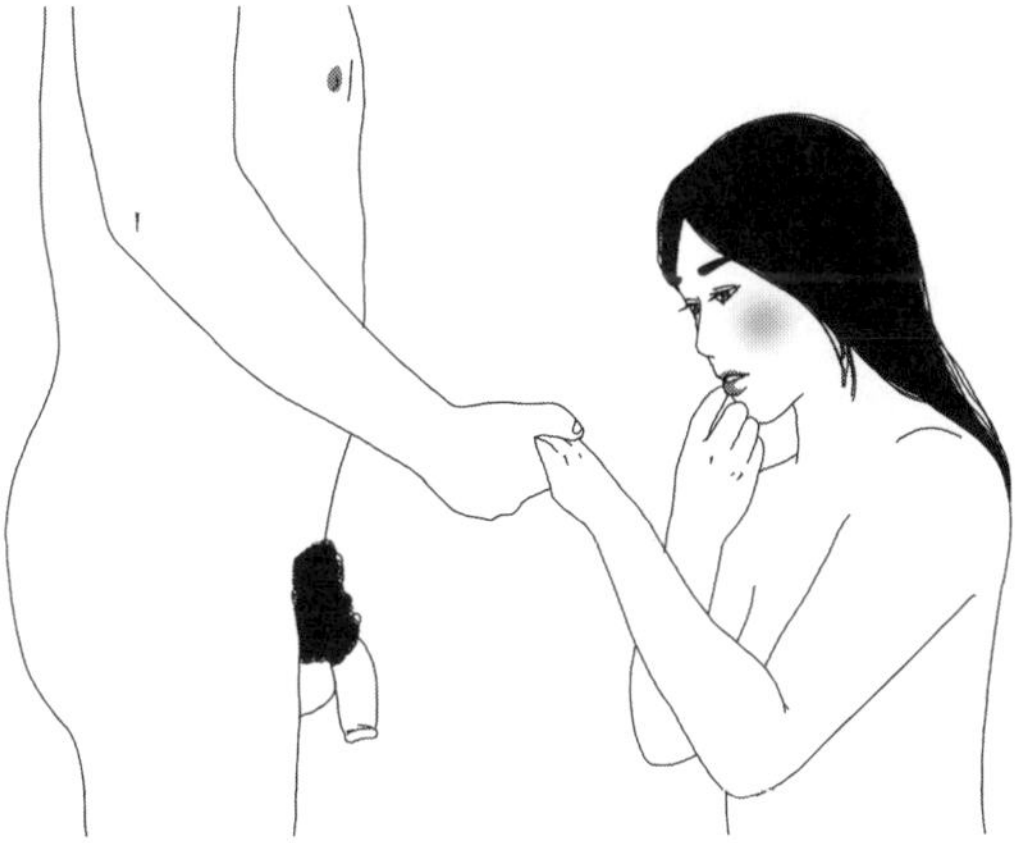

キス、乳首なめ、手コキ、フェラチオ……、自分のして欲しいように誘導する。

中折れ　遅漏　マンネリ化

33手

着衣締め

男優生活30年で見出した膣圧《ちつあつ》アップの秘技

パートナーも年齢を重ねるのは一緒。加齢とともに、女性器の締まりが悪くなるのは避けられません。ベストな解決法は、筋トレやヨガで筋力をつけることなのですが、習慣として続けるのが難しい方も多いと思います。この問題にも、長年の男優生活の中で発見した対処法があります。

セックス中、女優さんの着ていた服がずれて、お腹の周りに巻きついたことがあるのですが、女性器の締まりがよくなったんです。**着衣が腹部を圧迫し、膣内に圧がかかって、締まりがよくなった**ようです。この現象を、実践に応用してみてください。

着衣のままのセックス、というだけで、非日常が演出できて興奮しますが、膣の締まりもよくなるなんて、一石二鳥です。

例えば**夏用のワンピース**のように、肩のストラップを外してズルッと下におろせる衣類は、帯状になりやすく、オススメです。**着物や浴衣**は、そもそも帯があるから、活用しない手はありません。太めのベルトを使ってもよいでしょう。

確実に締まるのは**SM用のコルセット**。「今日はコスプレしてやってみよう」と提案してみましょう。こういったちょっと大胆な提案は、女性の側からはなかなか言えませんし、最初は抵抗があるかもしれませんが、まずはダメ元で言ってみてください。

実は、**「締めてほしい」「縛ってほしい」という女性は意外に多い**んです。男はいろんな女性とエッチしたい、1万人の女とエッチしたい。でも、女性は好きな男一人でいい。「この人に独占して欲しい」という、男性にはわかり得ない感情があるのだと思います。もちろん、締められるのが苦手な人や、プレイ中に苦しくなる人もいますので、くれぐれも無理は禁物です。

なお、**この理論は通常のバックの場合でも応用できます**。腕で女性のお腹を抱え込んで締めてみてください。膣の締まりがよくなる上に、密着度が増して興奮します。

ゆるんだ膣が一瞬で名器と化す着衣締めのメソッド

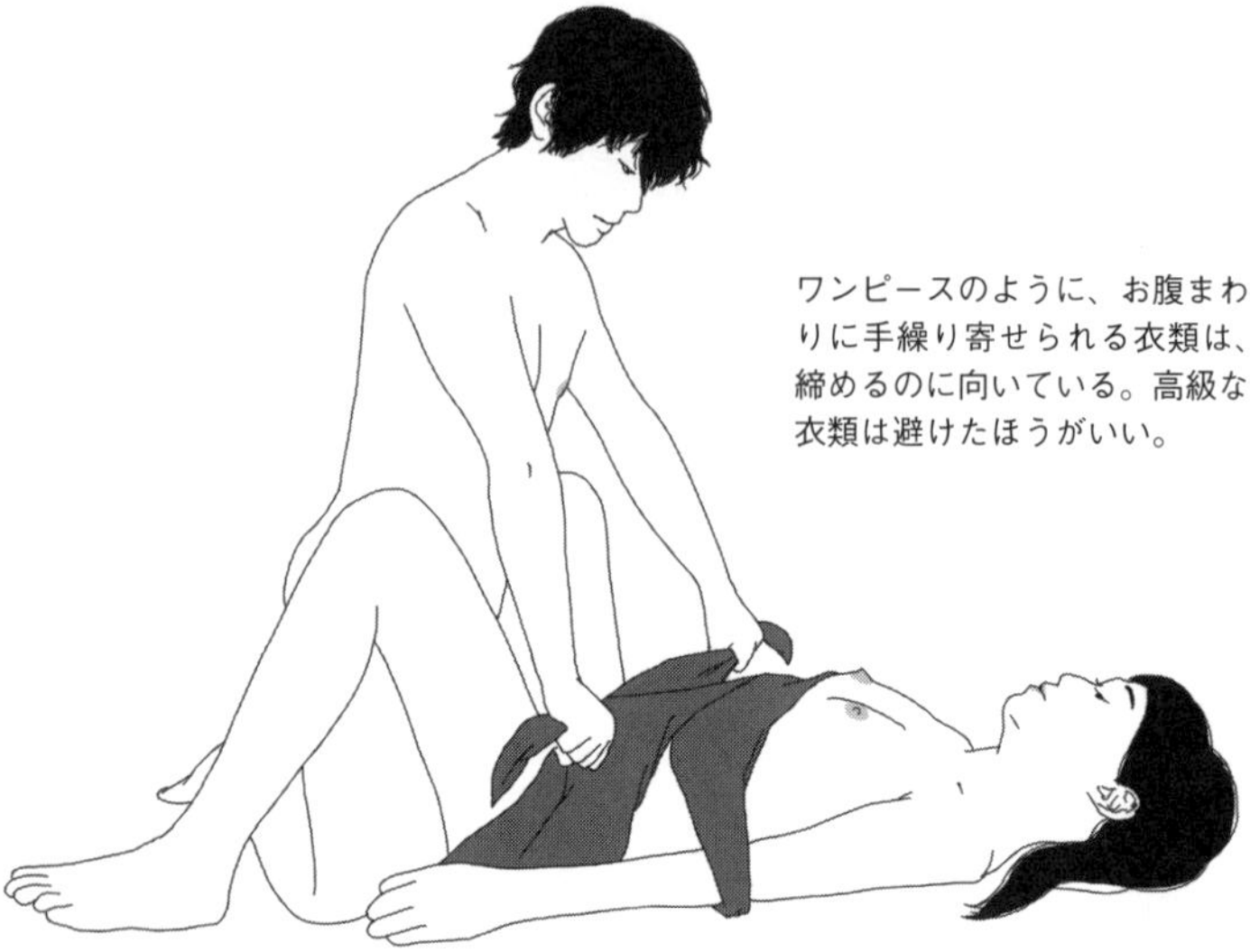

ワンピースのように、お腹まわりに手繰り寄せられる衣類は、締めるのに向いている。高級な衣類は避けたほうがいい。

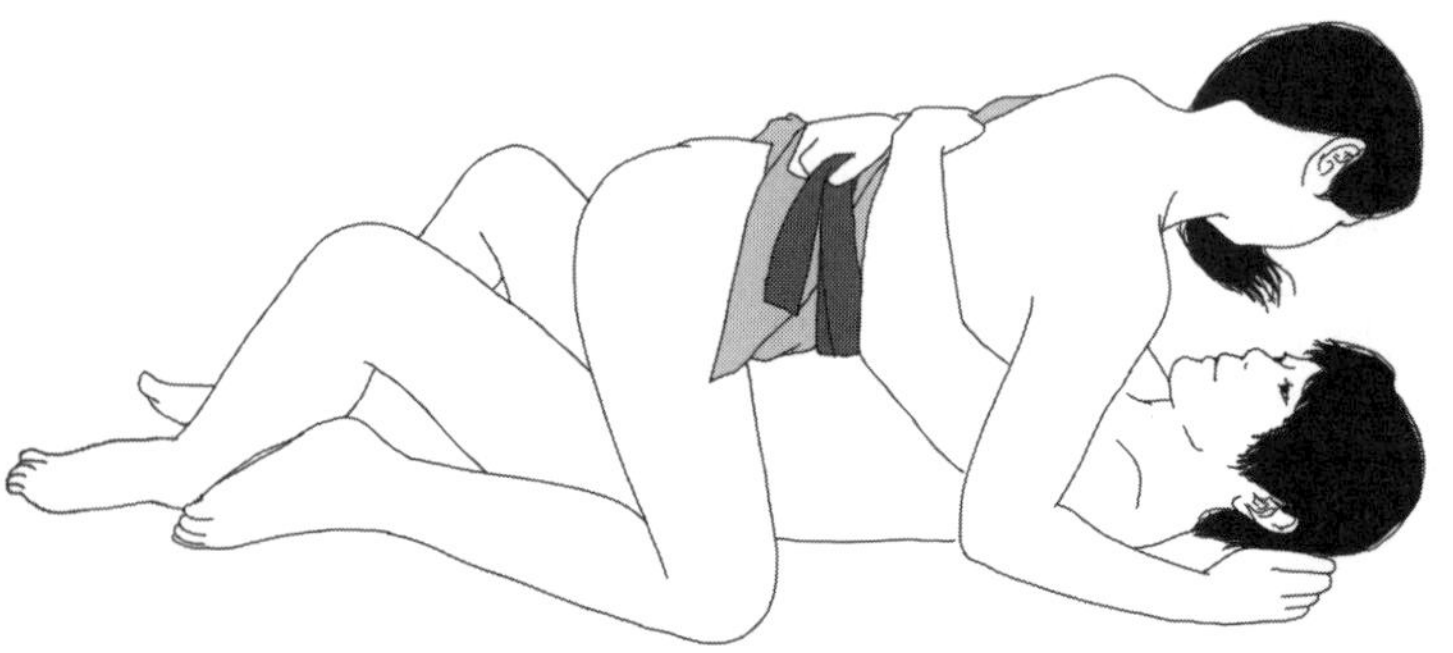

普段は着ない浴衣や着物の着衣締めは、マンネリ解消の効果も。

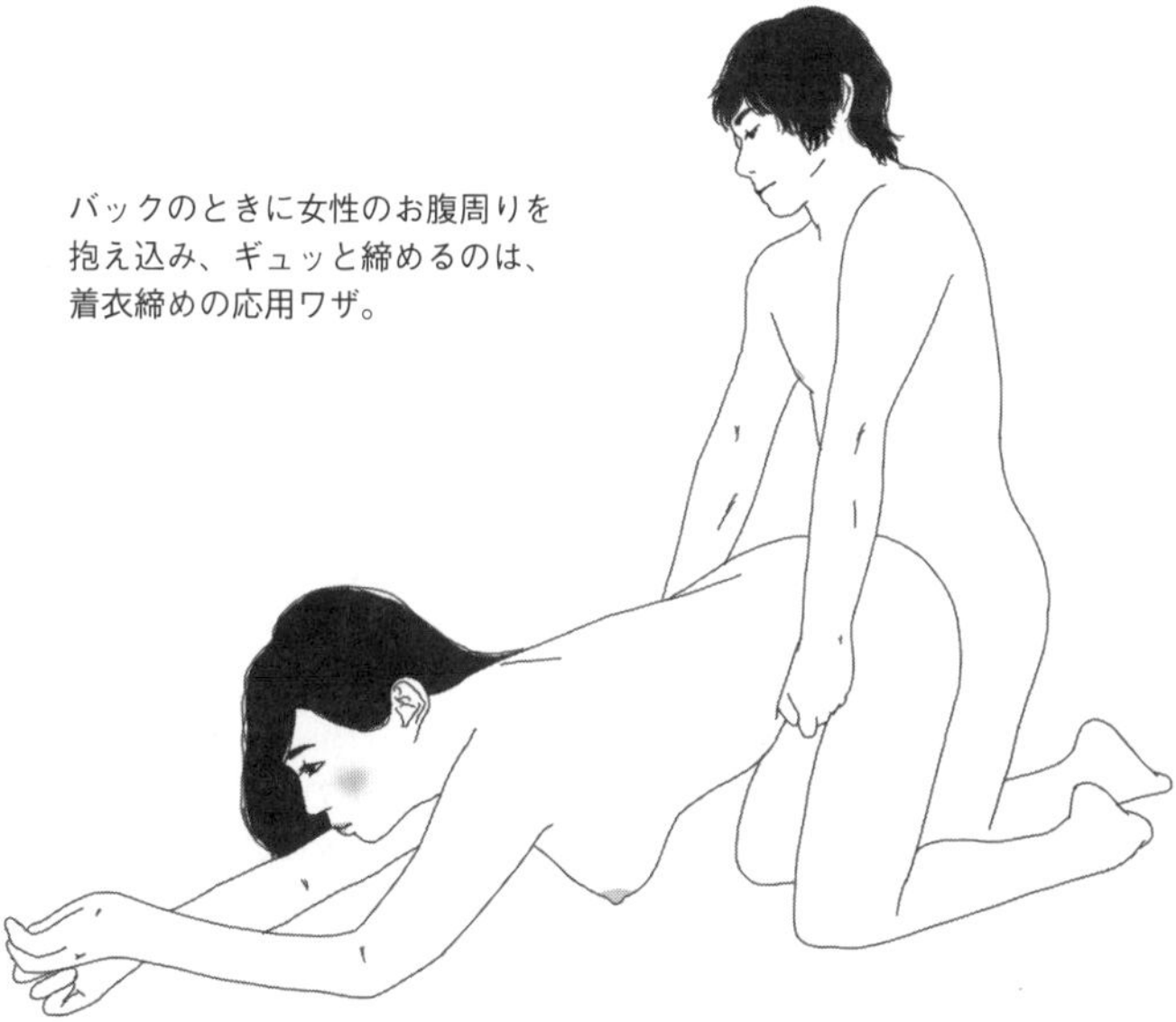

バックのときに女性のお腹周りを
抱え込み、ギュッと締めるのは、
着衣締めの応用ワザ。

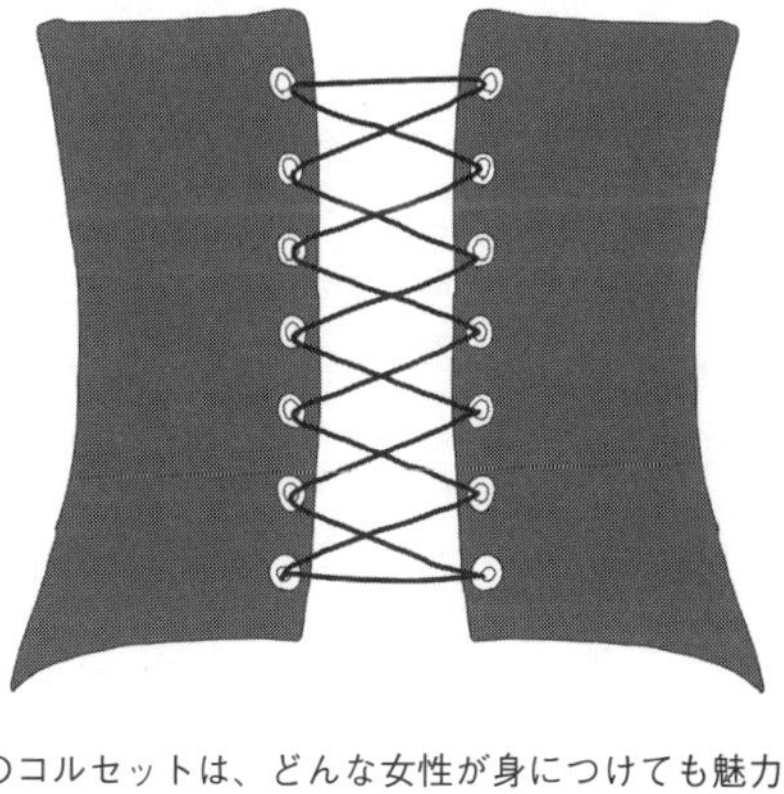

SM用のコルセットは、どんな女性が身につけても魅力的。膣の
締まりがよくなるだけでなく、体型も絞られる最強のアイテム。

足のつり

足裏粗塩《あらじお》もみ

突然の激痛が走る足の「つり」ゴシゴシ刺激で血流改善、しっかり予防

34手

久しぶりにセックスをすると、ふくらはぎや足の裏が「つる」ことがよくあります。足がつるメカニズムはよくわかっていませんが、とくに中高年以降になると、加齢に伴って筋肉の量が減り、動脈硬化などによる血行不良が伴い、つりやすくなると言われています。

大切なのは、普段からのケア。**頻繁に足がつる人は、入浴のときに粗塩《あらじお》で足裏をもむと効果があります**。粗塩のザラザラが足裏に無数にあるツボを刺激して、血液の流れを改善してくれるのです。そのあとは、**足指の間に手の指をはさみ、足首を大きくまわす**。これを毎日1回続ければ、足がつりにくくなります。

また、足のつりは「ミネラルバランスの乱れによる筋肉のけいれん」が原因のひとつとも言われているので、亜鉛やカルシウムなどのミネラル補給も大切です。価格も手頃な、マルチビタミンのサプリメントを毎日摂るのもよいですね。

ただし、**セックス中につってしまったらもうアウト**。**遠慮せずに中断して治しましょう**。ふくらはぎがつったのなら、一度立ち上がって**アキレス腱伸ばし**でふくらはぎを伸ばしたり、足の裏なら**手で足の指を上に反らせて伸ばしたり**しましょう。無理に続けても症状が悪化するばかりです。

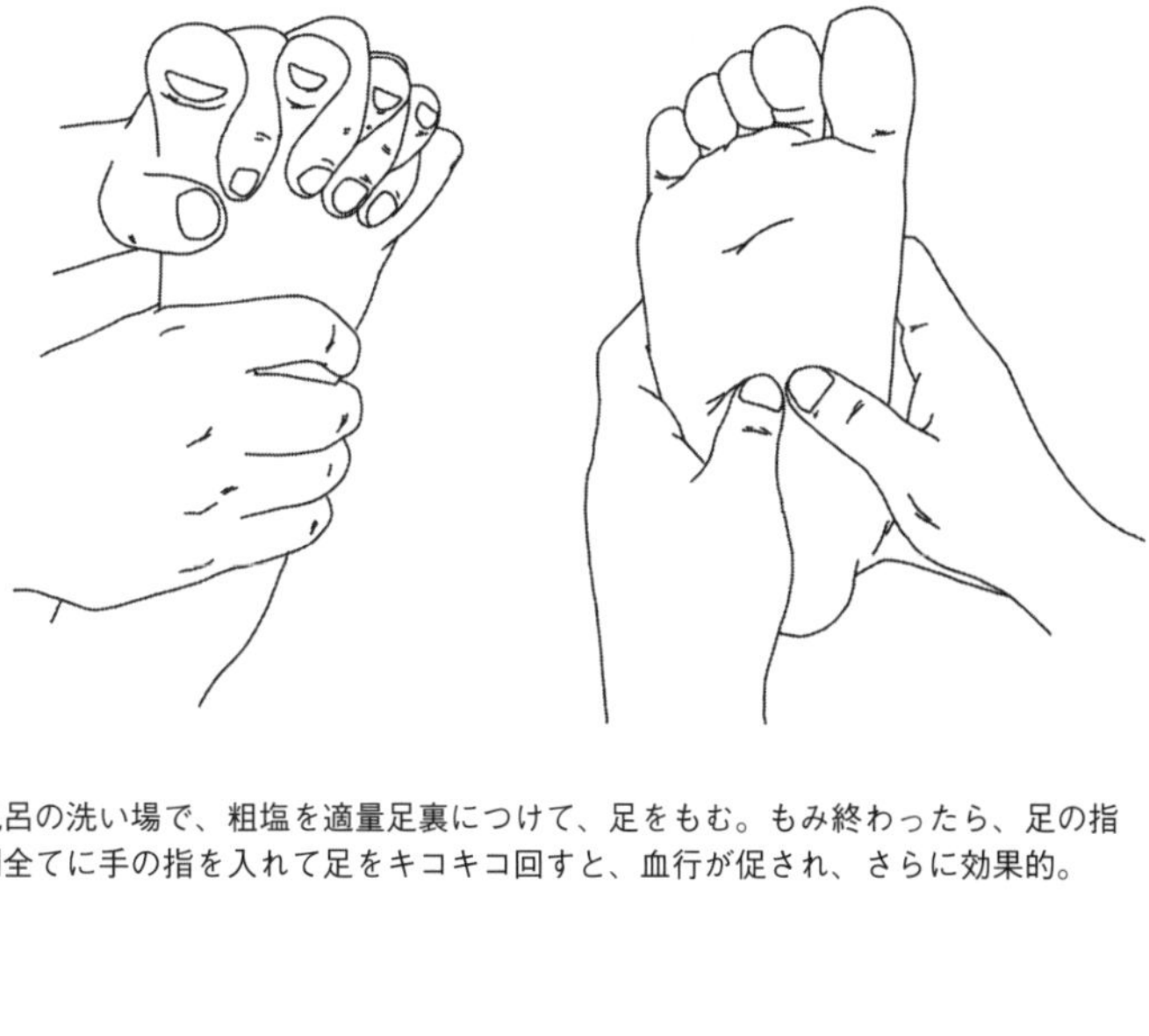

お風呂の洗い場で、粗塩を適量足裏につけて、足をもむ。もみ終わったら、足の指の間全てに手の指を入れて足をキコキコ回すと、血行が促され、さらに効果的。

ED　中折れ　セックスレス　パートナーの不満

あんしん勃起不全治療薬《ぼっきふぜん》

医療機関で処方される3種類から自分に合うものを試して選ぼう

35手

　EDや中折れに悩む中高年にとって、勃起不全《ぼっきふぜん》治療薬は心強い味方。この薬は、勃起を促す神経の働きに作用し、勃起をさせたいときに効力を発揮します。たまに誤解があるようですが、効き目がなくなるまで勃ちっぱなし、というわけではありません。

　僕の体験もふまえて、最新の治療薬事情を説明します。

　医療機関で手に入る勃起不全治療薬には、**①バイアグラ**、**②レビトラ**、**③シアリス**の3種類があり、主成分が異なります。約20年前に登場したバイアグラが有名ですが、いちばん後発のシアリスが、火照りやのぼせ、頭痛などの副作用が少なく、安心です。個人差はありますが、**効いている時間がいちばん長いのはシアリス**で約36時間、レビトラが6時間くらい、バイアグラが3時間〜4時間くらいです。

ネットでも購入できますが、**安心なのはED診療での処方です**。医療機関の泌尿器科、内科などで診療を受けることができます。すべての医療機関で対応しているわけではないので、事前に電話で「EDの診療はしていますか？ 薬を処方してもらえますか？」と問い合わせてから行くとよいでしょう。

「どんな検査が待ち受けているんだろう？」と不安になるかもしれませんが、僕の経験では、「最近、勃ちが悪いんです」「じゃあ、これ出しましょう」と、いたって簡単。問診だけで処方してもらえます。3種類を提示されて、たいてい患者自身が選びます。**3種類を1回分ずつ処方してもらうこともできます**。ただし、保険は効きません。シアリスは1錠1800円前後、バイアグラは1錠1300円〜1500円くらい。ジェネリックだと、半分程度の価格になります。

人によって効くもの・効かないものがあるので、自分で一度、**3種類をそれぞれ試してみるのをオススメします**。医者に相談をした上で、1錠を2分の1や4分の1にカットして服用し、効き目を体感してみましょう。自分に合う薬はどれか、どれくらいが適量かがわかってきます。

個人輸入の業者から購入すれば、はるかに格安です。インド製なら1錠数百円（送料別）です。ただ、届くのに1週間から10日間くらいはかかってしまいますし、偽造品も出回っています。特に、**中国製はやめた方がいい**でしょう。僕は、20〜30種類は試していますが、中国製を使ったときに、明らかに体に異変が起きたことがありました。製造過程での衛生面の不安もあります。

安心して服用できるのは、やはり医療機関で処方してもらったもの。狭心症や不整脈などの様々な疾患、病歴、あるいは現在服用している薬などにより、服用できない人もいますので、必ず、ＥＤ診療を受けて処方してもらいましょう。

	バイアグラ	レビトラ	シアリス
			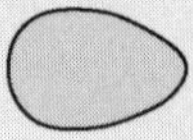
服用後、 どれくらいで効く？	約30分	約15分	1時間 〜2時間
どれくらい 効果は持続する？	3時間 〜4時間	約6時間	約36時間
価格はどれくらい？	1錠1300円 〜1500円	1錠約1800円	1錠約1800円
ジェネリックはある？	あり	なし	なし

EDや性欲の減退は、男性の更年期障害の症状のひとつでもあります。男性ホルモンの一種、テストステロンを筋肉に注射する「ホルモン補充療法」という治療法もありますので、興味のある方は、医療機関に相談してみてください。

スタミナ不足　ED　中折れ　セックスレス　パートナーの不満

36手

使える精力剤

あらゆるタイプが揃う精力剤は、値段と効果が正比例する

勃起不全治療薬には抵抗があるけれど、精力剤なら使ってみたいという方もいるでしょう。実際、アンケートでも愛用者が多いことがわかりました。

精力剤は、大きく「医薬品」と「食品」に分かれ、錠剤、粉末、ドリンクなど、いろいろなタイプの商品が販売されています。

いわゆる精力剤は、僕の経験上、値段が高い方が効きます。高い商品はそれだけ、有効成分の抽出度が高いのでしょう。懐《ふところ》に余裕があり、商品の選択肢があるのなら、より高い商品をオススメします。

僕が試してみて効果を実感したのは、ドリンクタイプの**「ユンケル黄帝液《こうてい》」**（佐藤

製薬）。ユンケルシリーズは、数百円のものから数千円のものまでラインナップが豊富ですが、高価な方がやっぱり効きます。体が熱くなってシャキンとし、やる気に満ちあふれて、とにかく元気になります。

「ゴールデンロイヤルハニー」（ａｍａｚｏｎ／海外直送品）というゼリータイプのサプリメントは、飲んでから２〜３日、やる気が続きました。ハチミツがベースですから、甘くて飲みやすく、糖分の補給にもなります。ただし、精力剤は勃起不全治療薬と違って、勃起力回復に直接効くわけではありません。

朝鮮人参、マムシ、スッポン、サソリ、アリなどの自然薬もいろいろありますね。昔からよく**〝土の中のものは強い〟**と言われています。朝鮮人参やヤマイモ、ニンニク、マカなどの根菜類は、根を使って土から直接滋養を吸収しているから、パワーが強いのでしょう。とはいえ、これらの食品に即効性は期待しないでください。**１週間から３ヶ月後といった長いスパンで長期的にとらえ、ゆっくりと、強く健康的な体を作っていく**ものととらえましょう。

ただし、精力剤を摂る前に重要だと僕が考えるのは、身体を作る基本となる栄養をしっかり摂ること。まずは、マルチビタミン&ミネラルのような、複数の栄養素が含まれていて、効率的に栄養補給できるサプリメントを摂ってください。**ベースとなる栄養が足りていないと、いくら精力剤を飲んでも効かない**と考えています。

田淵さん プロデュースの 精力サプリ

「BASE TIGER」

Beans株式会社
4,800円（税別） 2019年11月1日発売予定
現代人に不足している5つの栄養素を厳選して開発した、精力アップに効く粒状のサプリメント。マカ、スッポン粉末、亜鉛、ビタミン11種、ポリフェノールの1種・レスベラトロールを配合している。ネットのみで購入可能。
商品情報は、田淵さんの公式HPでご確認ください。
https://tabuchimasahiro.info/

効く自然薬

朝鮮人参

オタネニンジンの根の部分。おもに乾燥させ、粉末にしたものを服用する。

マカ

インカ帝国でも重宝されていたと言われる、南米原産の植物の根。栄養価が高く、加工食品やサプリメントの種類も多い。

マムシ

日本にも生息する毒ヘビの内臓を取りのぞき、皮をはいで乾燥させたもの。

スッポン

スッポン料理店では、スッポン全体をいろいろな調理法で食べることができる。

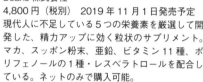

第3章

2人で楽しむ！「マンネリ防止」の手

マンネリ化　スタミナ不足　ED　中折れ

37手

大人のおもちゃ

遊び方いろいろ。オシャレデザインで心のハードルを下げる

マンネリ解消にぜひ取り入れてほしいのが〝大人のおもちゃ〟。いつものセックスに淫靡《いんび》な雰囲気を加えてくれる上に、勃起《ぼっき》力の衰えなど、あなたの弱みもフォローしてくれます。

いくつかのタイプがありますが、**女性向けのおもちゃで一番手軽なのは、ピンクローター**。振動で刺激を与えるおもちゃの中でも、いちばんソフトなタイプです。小型のカプセル状のものが多いので扱いやすく、**クリトリスや乳首をピンポイントで刺激することができます**。特に、クリトリスの包皮の根本の部分か、クリトリスの少し下に当てると効果てき面。**振動を調整できる場合は、徐々に強めていきましょう**。プ

ラスチック製よりもシリコン製の方が、当たりが優しくてオススメです。

ちょっと上級者向けなのがバイブレーターです。膣《ちつ》内に挿入しながら振動するおもちゃで、ピンクローターより振動は強め。以前はほとんどがペニスの形状をしていました。現在はいろいろな形をしたものが出回っていますが、出し入れしやすい棒状のタイプが基本で、ＥＤや中折れで挿入できない場合の最終手段として使うことができます。できればローションを塗って、やさしく挿入してあげてください。

なお、ローターもバイブも愛液にまみれるため、雑菌が繁殖しやすくなります。大切な人を守るために、**毎回コンドームを被せて使うことをおすすめします**。

最近は、オシャレなデザインのおもちゃも増えています。特に、**ＴＥＮＧＡ（テンガ）の女性向けのライン・ｉｒｏｈａ（イロハ）のおもちゃはスタイリッシュで人気**。

こういったオシャレなおもちゃなら、心のハードルも下がるはずです。女性にプレゼントしたり、一緒に買いに行ってみたりするのもよいでしょう。一歩進んだプレイとしては、**女性に渡して、自分で楽しんでもらうのもアリ**。その様子を見て、刺激する位置、やり方、スピードを覚えて、次は同じように使ってあげてください。

おススメの大人のおもちゃ

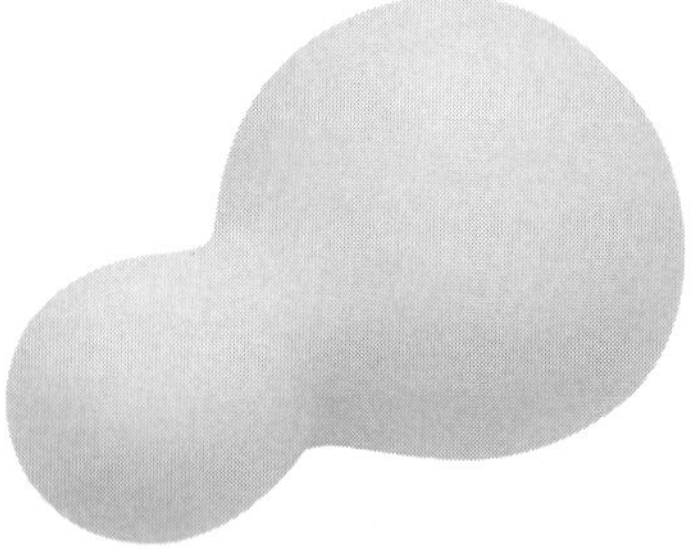

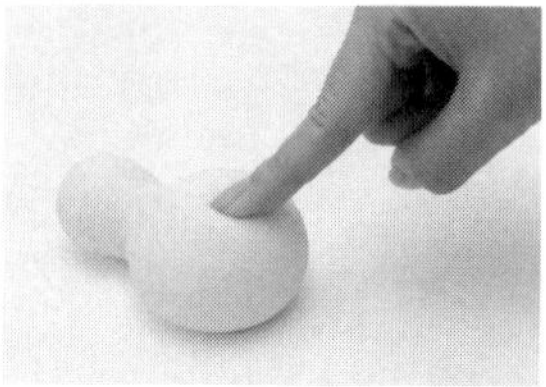

iroha
YUKIDARUMA

7,480 円（税込、送料別）
部屋にさりげなく置いておけば、和風インテリアになってしまいそうなシャレたデザインの振動アイテム。irohaのラインナップは、ふんわりした触感が心地よく、パステルカラーで女性でも買いやすい。
問い合わせ：iroha お客様相談センター　0800-1000-168（土・日・祝日を除く 10:00 ～ 19:00）

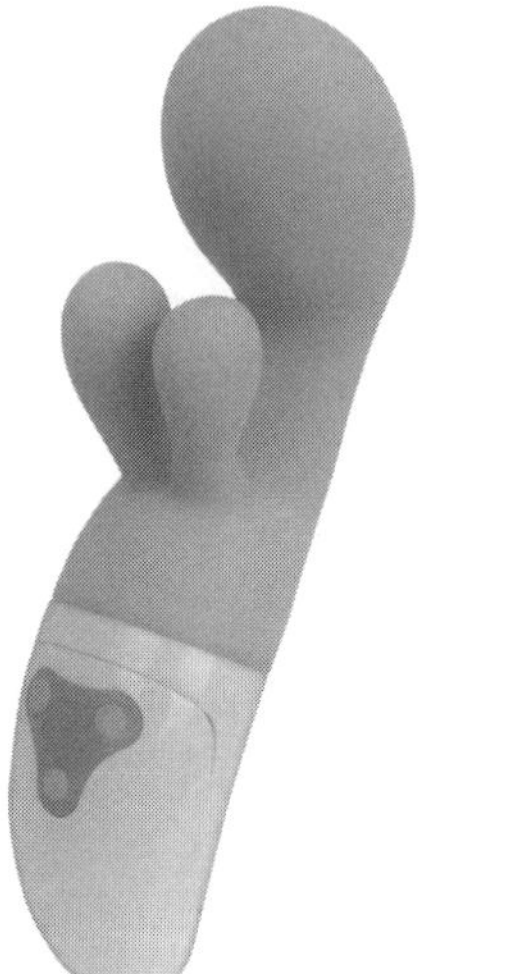

RENDS（レンズ）
キャスパー

3,080 円（税込、送料別）
かわいらしい色と形状なので、一見するとバイブレーターには見えない。やや大きめのヘッドながら、膣内に入るとフィット感は抜群。ヘッドで G スポットを、２つのクリバイブでクリトリスを刺激できる。購入・問い合わせは下記の HP から。
https://www.e-nls.com/pict1-38486

どこにピンクローターを当てる？

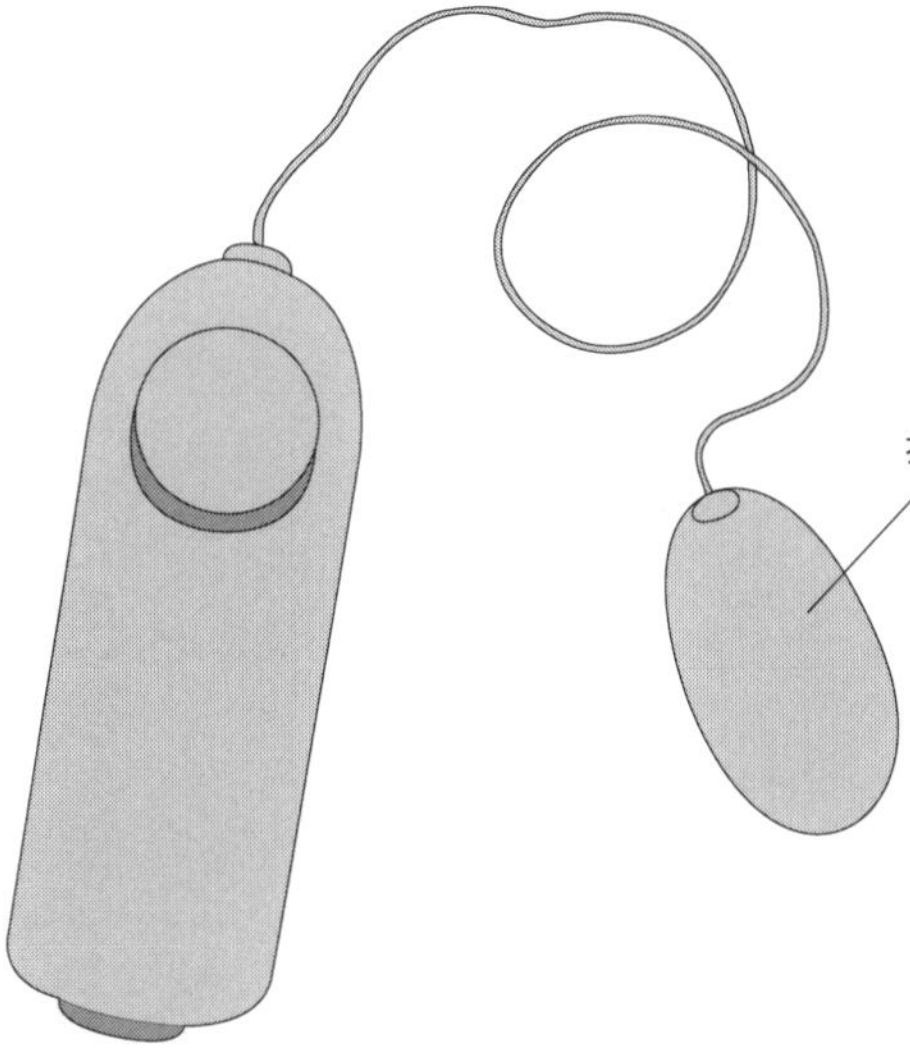
振動する部分

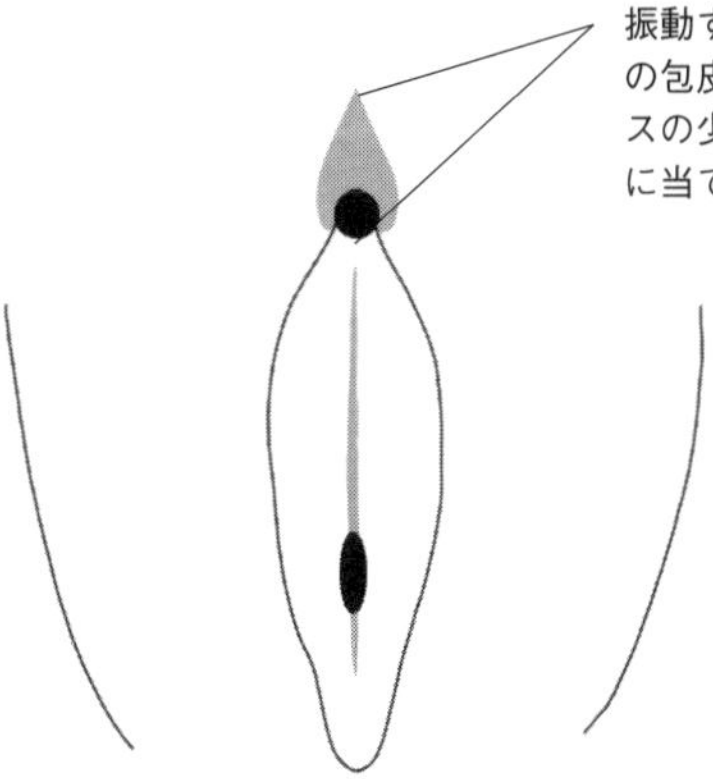
振動する部分をクリトリスの包皮の根本や、クリトリスの少し下にピンポイントに当てて刺激する。

マンネリ化　ED　中折れ

初めてごっこ・着衣セックス

初めて同士、先生と生徒、着衣セックス……“いつもと違う”がマンネリ打破の鍵

38手

マンネリとはすなわち“飽き”。そんなときは、脳の錯覚を利用してみましょう。例えば、**長年付き合っているパートナーでも、初めて会う人だと全力で自分の脳に思い込ませる**のです。「初めてこの人とエッチできるんだ！」と考えると、意外なほど新鮮な気持ちで相手を見ることができ、「勃《た》ち具合」も変わってきます。

パートナーが付き合ってくれるなら、さらに一歩進んで、“初めて同士ごっこ”をするのもいいですね。「脱がせてもいいですか？」と恥じらいつつ聞いたりすれば、興奮度が2～3割は違いますよ。

ごっこ遊びが有効なら、先生と生徒、上司と部下など、設定を決めてお芝居（ロー

ルプレイ）をするのも一興です。最近では、ドン・キホーテなどの量販店や通販で、コスプレ・グッズが簡単に手に入りますので、ぜひ、だまされたと思って試してみてください。

衣服を脱がない**「着衣セックス」**もおすすめです。特に中高年女性の場合は、**肌への直接的な刺激がキツくて嫌だったり、裸を見られることに抵抗があったりする**方もいます。その場合、着衣のまま服の上から胸をもんだり、パンツの上から女性器を触ってあげたりすると、喜ぶことがあります。

これは男性にとっても刺激的で、風俗に行ったとき、女性に最初から真っ裸で出てこられると萎《な》えてしまうという知り合いがいます。男性は、**着衣の女性の方が想像力を掻《か》き立てられる**側面もありますし、服の上から責める行為が征服欲を満たす、という要素もあるかもしれません。

ピンクローターを使って下着の上から刺激してもいいですね。下着をかませることで刺激が柔らかくなるため、敏感な女性にもおすすめです。「着衣セックス」にロールプレイや大人のおもちゃを加えれば、より刺激的です。

マンネリ化　ED　中折れ

39手

ネクタイ緊縛《きんばく》

初めてのSMは、お手軽グッズを使って ソフトな緊縛プレイから

アブノーマルへの欲求は、誰しも持っているもの。興味がある人は、ソフトなSMからはじめてみるといいですね。実は、**「縛られたい」という女性も案外多いんです。**

まずは**「手首緊縛《きんばく》」**。**もっとも手軽な道具が、ネクタイです。**幅があるので当たりがソフトですし、ビジネス道具をセックスに使う背徳感も味わえます。他には、浴衣の帯は肌触りもキツくなく、結びやすくてオススメです。以下、わかりやすく「紐《ひも》」と表現します。

紐を手首のまわりにぐるぐる巻くだけでは、ただ痛いだけ。**プロの緊縛師は、巻いた紐に対して十字になるよう巻きを入れて固結びをして極《き》めます。**そうすると、緊縛

感とともに興奮度が高まります。ただし、締めすぎないよう人差し指が入るくらいのゆとりをもたせましょう。**縛った手首は、軽く上に吊るし上げてみたり、手首を手前に引っ張りながらフェラをしてもらうと、自分も相手も興奮度がマックスに。**これは雰囲気を楽しむものなので、張り切りすぎないで、ゆるっとやってください。でないと、緊張で勃ちが悪くなります。

後手に縛るときは、背中側の高めの位置（肩甲骨の下あたり）で交差させます。位置が低いと、両手首の間に隙間が空きすぎて、縛りづらくなるのです。まず、揃えた両手首に紐をタテに巻きつけ、紐が十分長ければ前に回しておっぱいの下にクッと入れて胴を一巻き、もう一巻きをおっぱいの上からクッと入れて、紐の間からおっぱいの肉をはみ出させましょう。こうすることで女性は、羞恥《しゅうち》というドキドキ感を味わえます。そしてもう一度、紐をタテに入れて1～2度巻きつけてから固結びで極めます。

目隠しは、アイマスクやハンカチ、長めの手ぬぐいでもOK。手を縛ったままベッドのヘッドボードにつないで、目隠しをしてフェザータッチをしてみましょう。**何をされるかわからないドキドキ**が、頭の中でエロチックな妄想をかきたててくれます。

「手首緊縛」は十字が決め手

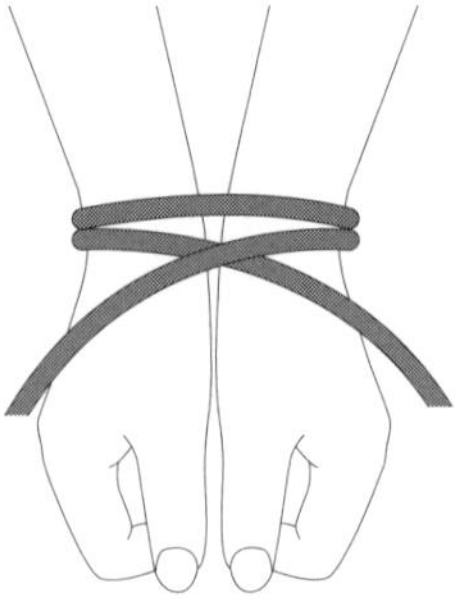

①揃えた手首に紐を巻きつける。

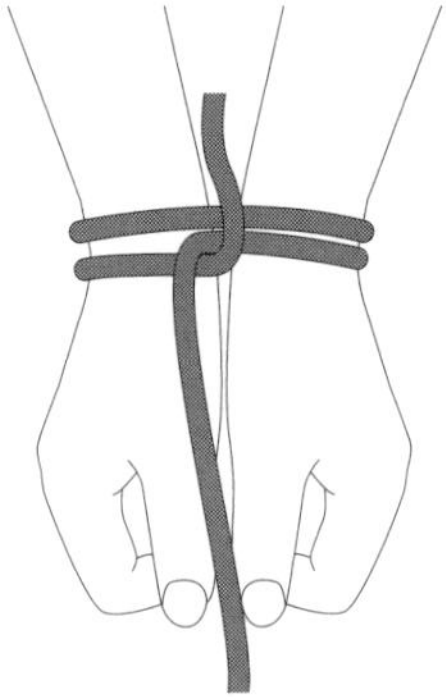

②巻いた紐に対して、十字になるように巻きつける。

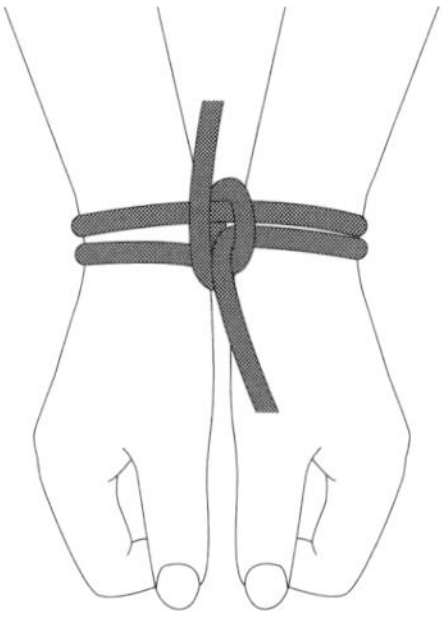

③もう一度、同じように巻きつける。

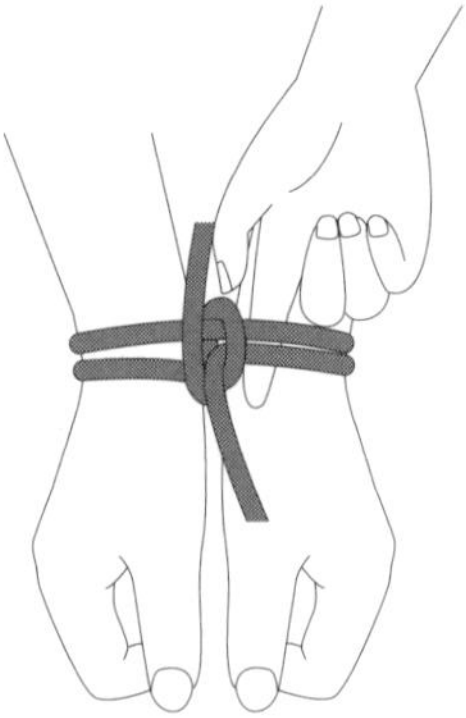

④両手首の間に指1本入るゆとりを必ず作る。

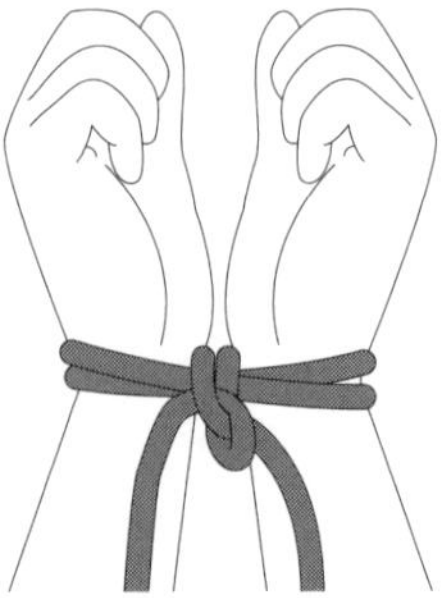

⑤固結びで固定する。

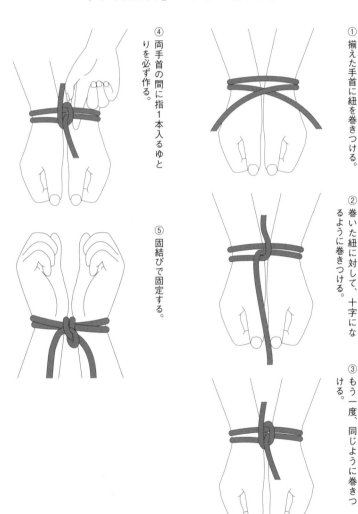

「後手縛り」は両手の位置に注意

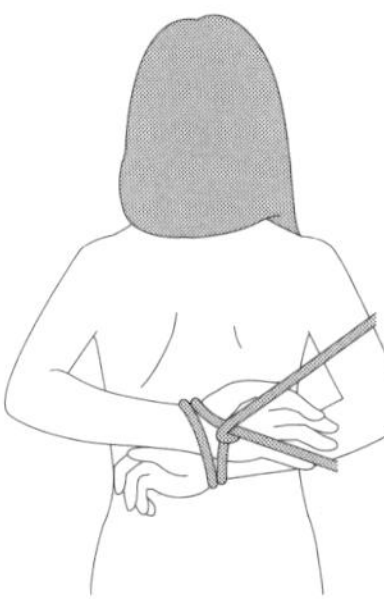

① 背中側の高めの位置で交差させた両手首に紐を巻きつける。

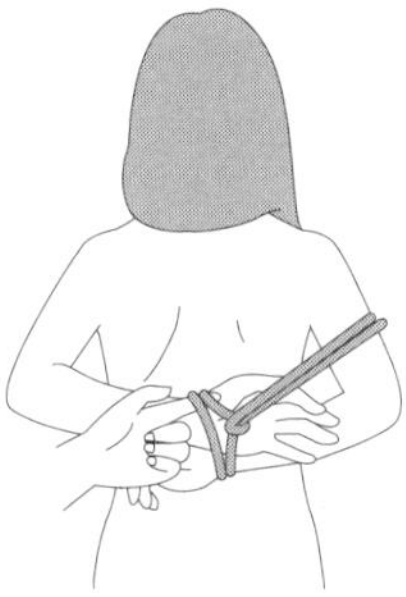

② 両手首の間に指一本入るゆとりを必ず作って、固結びで固定する。

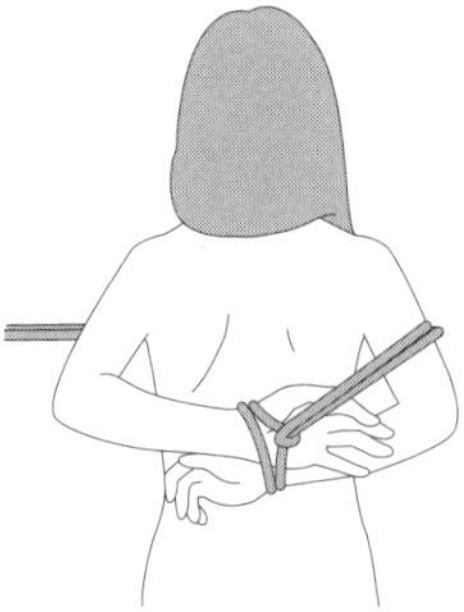

③ 二の腕に巻きつけるようにして、体の前面にまわし、胸の下部にかける。

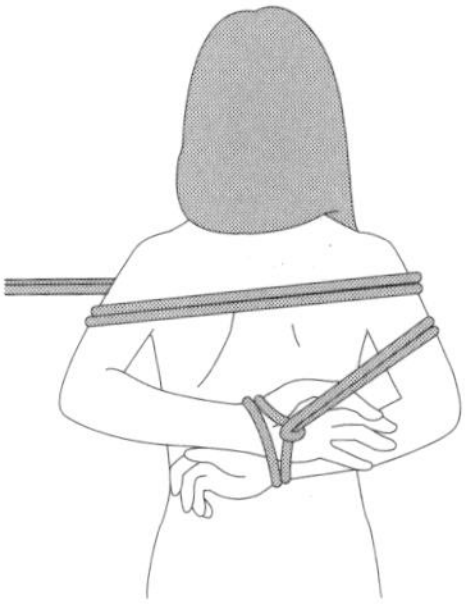

④ もう一度、体の前面にまわし、胸の上部にかける。

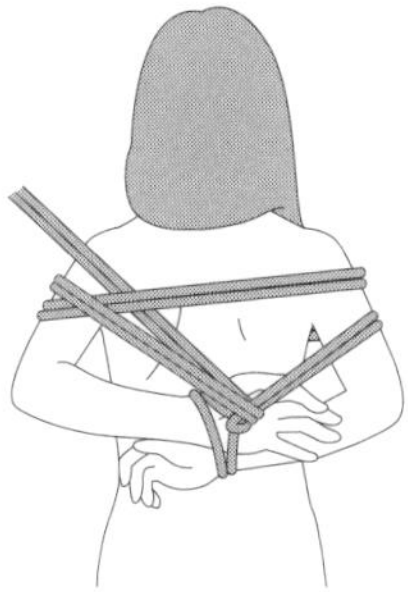

⑤ イラストのように、２束の紐の下をくぐらせる。

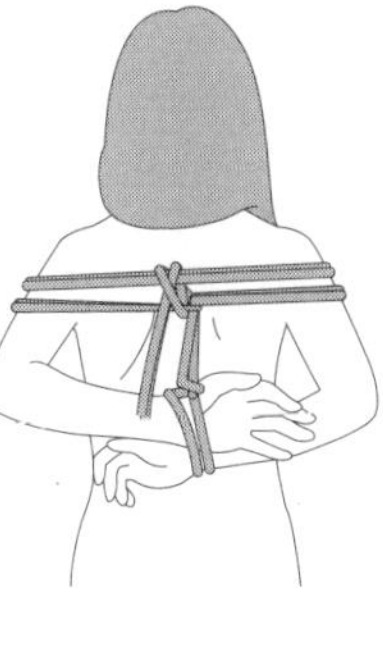

⑥ 胴に巻いた紐をギュッとひとまとめにするようにして、固結びで固定する。

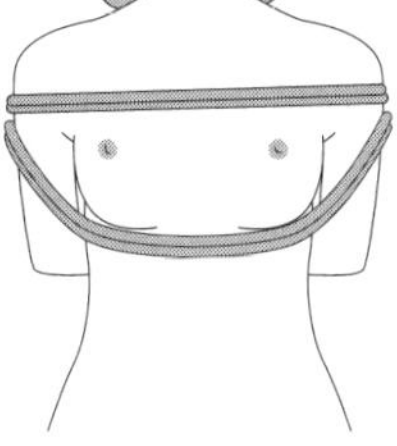

⑦ 前から見るとこうなる。２束の紐がおっぱいの上下にくるように調整する。

マンネリ化

40手 ロウソク滝流し

まるでアート SM用の低温ロウソクで滝を作る

ソフトSMを体験したら、その一環で軽いロウソクプレイにもチャレンジしてみましょう。SM用ロウソクは、アダルトグッズの店や、インターネットで購入できます。ご存知の方もいるかと思いますが、**SM用ロウソクは、溶ける温度が50℃と低め**。普通は80℃ですから、ノーマルなロウソクでプレイするとヤケドしてしまいます。

そもそもロウソクプレイは、ロウが肌に落ちたときの熱さがもたらす快感を楽しむものです。一般的によく垂らすのは、**肩、おっぱい、お尻、背中など肉の厚い部分**。ただし、快感を感じるポイントは人それぞれ。最初は、これらの部位を中心に垂らしてみて、気持ちいいかどうかを聞きながらプレイすることをオススメします。

いちばん熱さを感じないのは、舌の上です。舌は熱に耐えられるようにできているので、全然熱くないんです。ですが一方で、「責められている」という被虐《ひぎゃく》感を強く感じるらしく、興奮して濡れる女性が多いようです。体も舌も個人差がありますので、まずは少量で試してみましょう。

垂らし方にもコツがあります。**ひとつのところにずうっと落とし続けてみてください。そうすると、〝ロウの滝〟のようになります**。ここまでになると、芸術的で見ていてもかっこいい。体に描かれた滝を写真に撮って見せてあげると、女性は結構喜んだりしますよ。

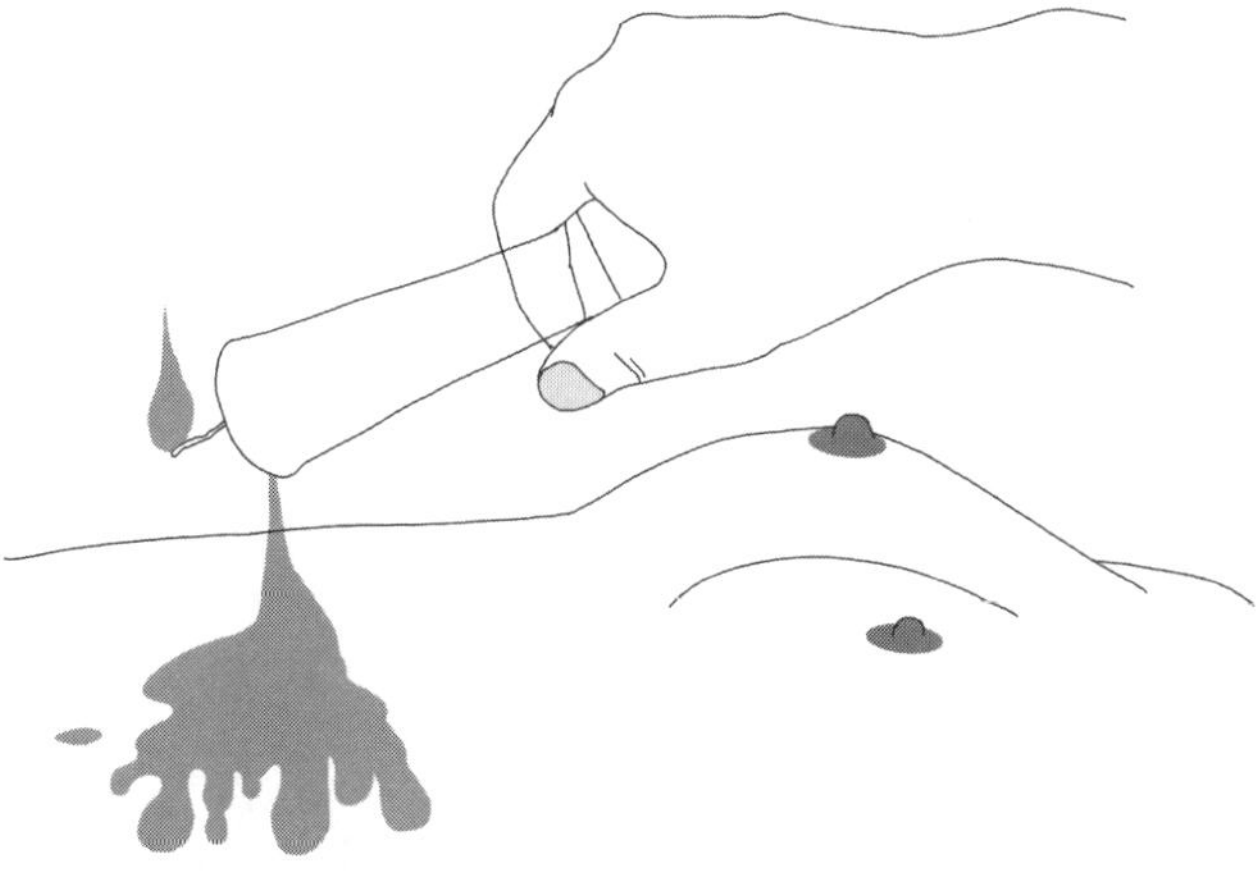

普通に垂らすと点々と水玉状になり味気ないが、ロウを一カ所にずうっと落とし続けると、滝のようになり色気が出る。

マンネリ化

焦《じ》らしアナル
衛生面のケアを忘れずに焦らしプレイで羞恥心を刺激

41手

「SMには抵抗がある」。そんなマンネリカップルにおすすめしたいのが、アナルへの挑戦。「そんなことをしたら怒られる」と不安に思うかもしれませんが、**「なめちゃいけないところをなめられている」という羞恥心**が生み出す快感は大きいのです。

まずは尾てい骨と女性器の手前までの間を、舌をゆるゆるにして、行ったり来たりさせましょう。ただし、**この時点ではアナルは通過。焦《じ》らし効果で女性の期待と羞恥心を十分に高めたら**、舌を尖らせて、アナルに軽く舌を入れてみてください。ビクンと体が反応したり、声が一段と大きくなったりすれば、受け入れOKのサインです。

アナルは傷つきやすいので、指を挿入する場合は、膣以上に慎重になる必要があります。それまでの愛撫《あいぶ》で女性器が潤《うるお》っていたら、その愛液を肛門まで塗り広げて、まずはアナル周辺をマッサージ。十分にほぐれたら、人差し指や中指を挿入します。様子を見て2本目に挑戦してもよいですが、お尻の筋肉の抵抗を感じたら、それ以上責めるのはやめましょう。アナルの受け入れ準備が整っても、一度に入れる指は2本が限度。**潤いが足りない場合は、ためらわずローション**を使ってください。

アナルプレイをするときに注意が必要なのは衛生面。口から菌が侵入するリスクがあるため、前戯の前にシャワーでよく洗っておくことが大切。アナルに触れた舌や指で女性器に触れるのは、大腸菌などの雑菌が女性の体内に入る恐れがあるためNGです。

指でアナルを責めるときは、指にコンドームを着けるとより安心。

マンネリ化　セックスレス

日常脱却ラブホ

セックスのためにある場所で非日常を演出してマンネリ解消

42手

ありきたりな日常を脱却し、新鮮な気持ちでセックスをしたい――。

そういうときは、ラブホテルを活用するのもひとつの方法です。

自分たちが毎晩寝ている部屋でのセックスは、ときとして味気なく感じられます。しかし**ラブホテルは、もともとセックスのための雰囲気が作り込まれている場所**。その雰囲気を最大限に活用して、泡風呂を楽しんだり、間接照明でムードを出したりして、非日常を演出して気分転換してみましょう。おもちゃやコスプレ服を用意しているところもあるので、マンネリ解消にはもってこい。**普段は恥ずかしくてできないようなプレイも、非日常がもたらす開放感が背中を押してくれます。**

さらにラブホテルのメリットは、**声が思い切り出せること**です。男も女も、自分の快楽に忠実に「イクー！」と思い切り声を出すと、なぜかいつもより気持ちよく感じるものです。

今では、インターネットで簡単にラブホテルの情報を検索できますので、ロケーションや内装を調べて、気にいったホテルを探してみましょう。都市部にお住まいならば、車でちょっと郊外に行った方が、広々としてユニークな趣向のホテルが見つかるかもしれませんし、ドライブ気分も味わえます。

和風旅館のような趣の温泉付きのホテルや、天蓋《てんがい》付きのベッドが備えられているホテルなどに１泊すれば、まさにプチ旅行気分です。

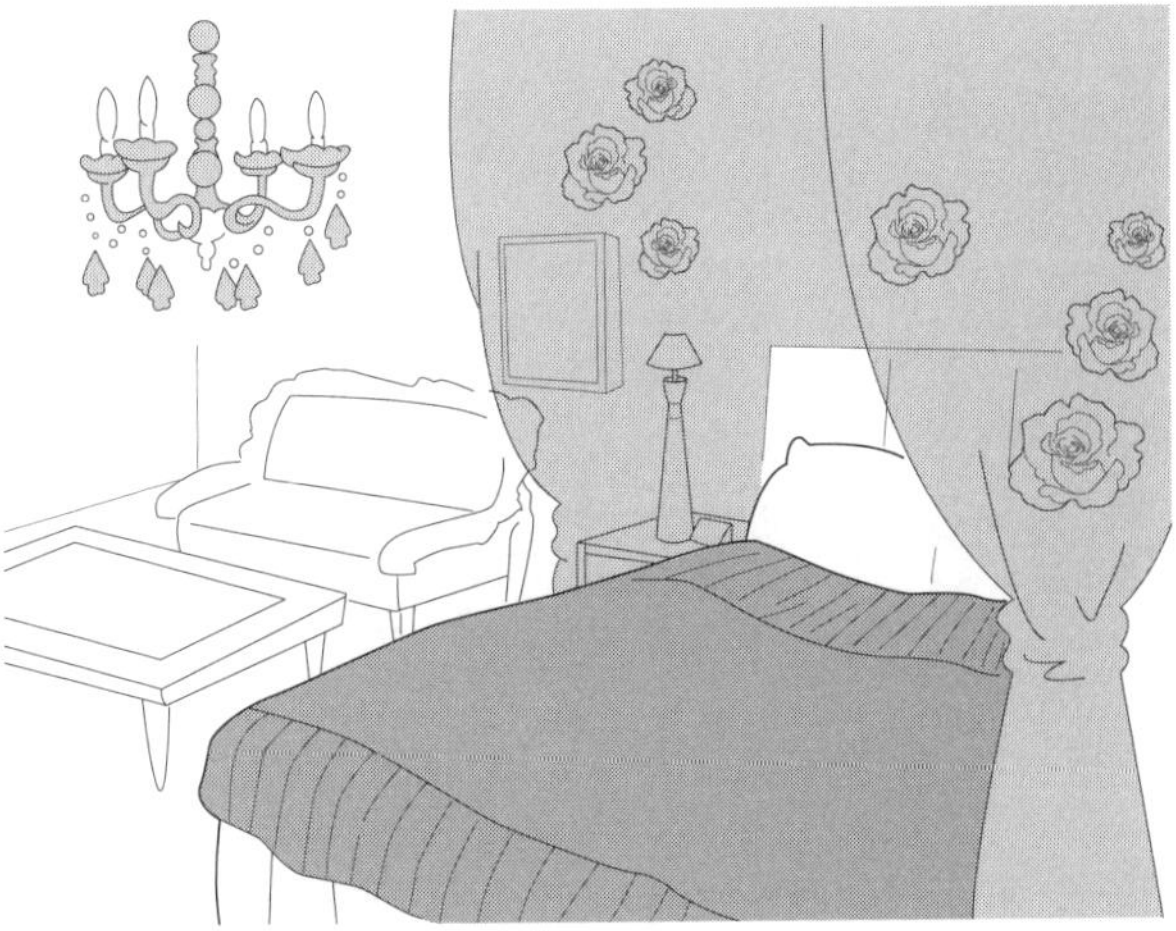

田淵コラム②

勃起《ぼっき》力の衰えは「水分不足」が原因かも？

ご存知の通り、勃起《ぼっき》はペニスの海綿体に血液が流れ込むことで生じます。そして、体内の水分が不足すると血液がスムーズに流れにくくなるので、ペニスの膨張力が阻害されてしまうのです。ひょっとしたら、あなたのEDや中折れの悩みは、「水分不足」が原因かもしれません。

現代人は、ほとんどの人が水分不足と言われていますが、特に年齢を重ねると、食事の量が減ったり、水分を体にめぐらせる内臓の働きが弱まったりするので、不足の度合いが高まります。ですから、意識的に水分を摂るようにしてください。

いちばん手軽なのはミネラルウォーター。僕は、撮影現場には必ず2リットルのペットボトルの水を持参して、のどの渇きを感じたらすぐに飲むようにしています。みなさんにも、1日に夏は2リットル、それ以外の季節でも、最低1・5リットルは摂取してほしいですね。

第4章 セックスレス解消！「コミュニケーション」の手

セックスレス

語尾上げあいさつ

コミュニケーションの基本三原則はあいさつ、褒《ほ》め、感謝

43手

　セックスレスの原因は、多くの場合、コミュニケーション不足にあります。長い間ご無沙汰《ぶさた》なのに、いきなりセックスに誘ったり、肉体的なコミュニケーションを求めたりしても、ていよく断られて、気まずい空気が流れるだけ。まずは、会話で親密な関係を取り戻すところからはじめましょう。女性は、言葉によるコミュニケーションを重視するのです。

　僕が日頃から心がけているのは、**仕事でも家庭でも〝声かけ〟**です。「おはよう」「ありがとう」「じゃ、行ってくるね」「ただいま」など、**ごく当たり前のあいさつでかまいません**。その際に、ボソボソッと尻すぼみに言うのではなく、声を張り、明る

く、**語尾を上げるようにしながら言ってみましょう。コツは、口先で言うのではなく、鼻骨《びこつ》を振動させ、鼻から声を出すようにイメージすること。**

今日にでも、奥さんやパートナーに言ってみてください。とたんに感じがよくなり、あなた自身も気持ちがよくなります。

また、女性はいくつになっても「大切にされている」と感じていたいのです。だから僕は、撮影に臨むときは、女優さんが年上でも年下でも、常に敬語で丁寧に接することで「あなたを大切に扱います」というメッセージを送ります。

長年連れ添ったパートナーには、ついつい雑に接してしまいがちですが、だからこそ、あなたなりの方法で「あなたが大切」というメッセージを伝えてみてください。

その根幹にあるのは、相手をリスペクトする気持ち。謙虚になって毎日の些細なことにも感謝していれば、パートナーにも自然に「ありがとう」の気持ちが湧いて、よいところが目につくようになります。

そうしたら、必ず口に出して褒《ほ》めること。「きれいだよ」「その髪型、似合ってるよ」「今日の料理、美味しかったよ」と褒められて、嫌な気持ちになる女性はいません。

口にするのが照れくさければ、スマートフォンやケータイなどのツールを使ったコミュニケーションも有効です。特にLINEは、短文でのやりとりがしやすいアイテム。常に相手を気づかっていることを伝えるために、まめにメッセージを送ることをオススメします。**ぜひ絵文字やスタンプも使ってみてください。どんなにぎこちなくても、その気持ちがうれしいのです。**

あるいは、たまに外食をしてみてはいかがでしょうか？　しかも、ちょっと奮発して高級なレストランで。普段とは違う環境が、会話の糸口になってくれます。

そうしてコミュニケーションが円滑にできるようになったら、セックスレスの原因が何なのかを、相手にズバリ尋ねてみるのです。

遠回りに聞こえるかもしれませんが、これが、セックスレス解消のための、大きな一歩になります。

大切なのは、感謝・理解・歩み寄り

したくない事情は男女それぞれにあるもの。感謝を忘れず、お互いを理解し合い、歩み寄っていけば、必ずセックスレスは解消できる。

♀女性の事情

- 老化
- モチベーションが低下した
- 容姿の衰えを見られたくない
- 相手に清潔感がない
- 性欲が衰えた
- アソコが乾いて挿入時に痛い
- 夫の ED、中折れに不満

♂男性の事情

- 中折れ、ED
- 感度が鈍っている
- 加齢でパートナーの容姿が衰えた
- 腰痛でピストンがつらい
- 息切れが多くなる
- ２回戦ができない
- 失敗して傷つくのが怖い
- 満足させられずに申し訳ない

まずは定番の４フレーズから

おはよう

ありがとう

じゃ、行ってくるね

ただいま

褒めて、褒めて、褒めたおす！

きれいだよ かわいいよ

その髪型（洋服）似合ってるよ

料理、美味しかったよ

セックスレス

なかよしマッサージ

マッサージは立派な前戯 徐々に性的な雰囲気へ

44手

43手で言葉による親密な関係を築いたら、**次は触れ合いによるコミュニケーション**。ただ、はじめは肌に触れられることでさえ、恥ずかしがって嫌がる女性もいます。それもそのはず、長い間全然触ってこなかったのに、急にベタベタ触りはじめたとあれば、「やめてよ！」と言いたくなる気持ちもわかります。

あせらず、会話の延長線上に、スキンシップへの誘いの言葉を忍び込ませましょう。たとえば、「最近、仕事キツそうだよね、ちょっと肩をもんであげようか」とか、「腰、さすってあげるよ」「テレビで紹介してたツボ、押してあげるよ」と誘うのです。はじめのうちは、相手が照れたり、とまどったりすることもあるかもしれません。それでも「あなたを癒《いや》したい」という気持ちを込めて真っすぐに伝え続けていれば、きっと応じてくれるはずです。

ただし、マッサージからセックスへ自然に誘うには、少々コツが必要です。まずは、肩や腰など、実際に凝《こ》っている部位からスタート。そこから、ひざや内ももなど、太い神経が通っていたり、神経が集まったりしている部位を刺激し、**徐々に胸やお腹、女性器の周辺など、性的な雰囲気を漂わせる部位にシフトしていくのです**。そこまでいけば、**もはや立派な前戯**。セックスレス解消に、大きく一歩前進です。

マッサージをするときも、大切なのは気持ち。凝りがどこにあるのかをゆっくり探り、凝っている部分を見つけたら、そこを重点的にほぐしてあげましょう。僕はよく、**「指先に目がついているようなイメージで」**と表現します。

目的はスキンシップですから、下手でも構いません。スローなペースが、エロチックなムードを醸し出します。

ちなみに、「ゆっくり、ツボを探しながら」は、セックス中の愛撫のコツとまったく一緒（↓3手）。覚えておいてください。

凝りほぐしから敏感な部位にゆっくり移動
前戯としてのマッサージ

肩

耳の下から肩のラインに沿うように手の平全体で押し、凝りを感じたら、親指以外の４本指の腹で、強めに刺激する。

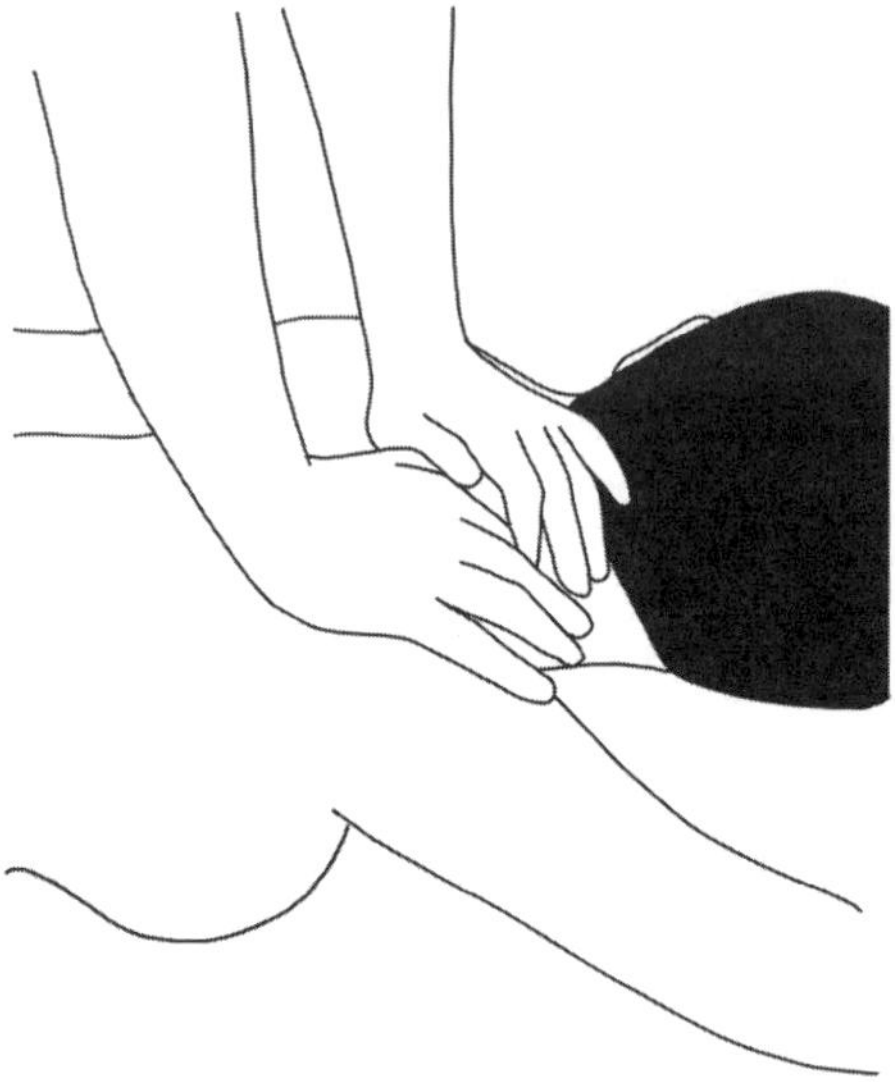

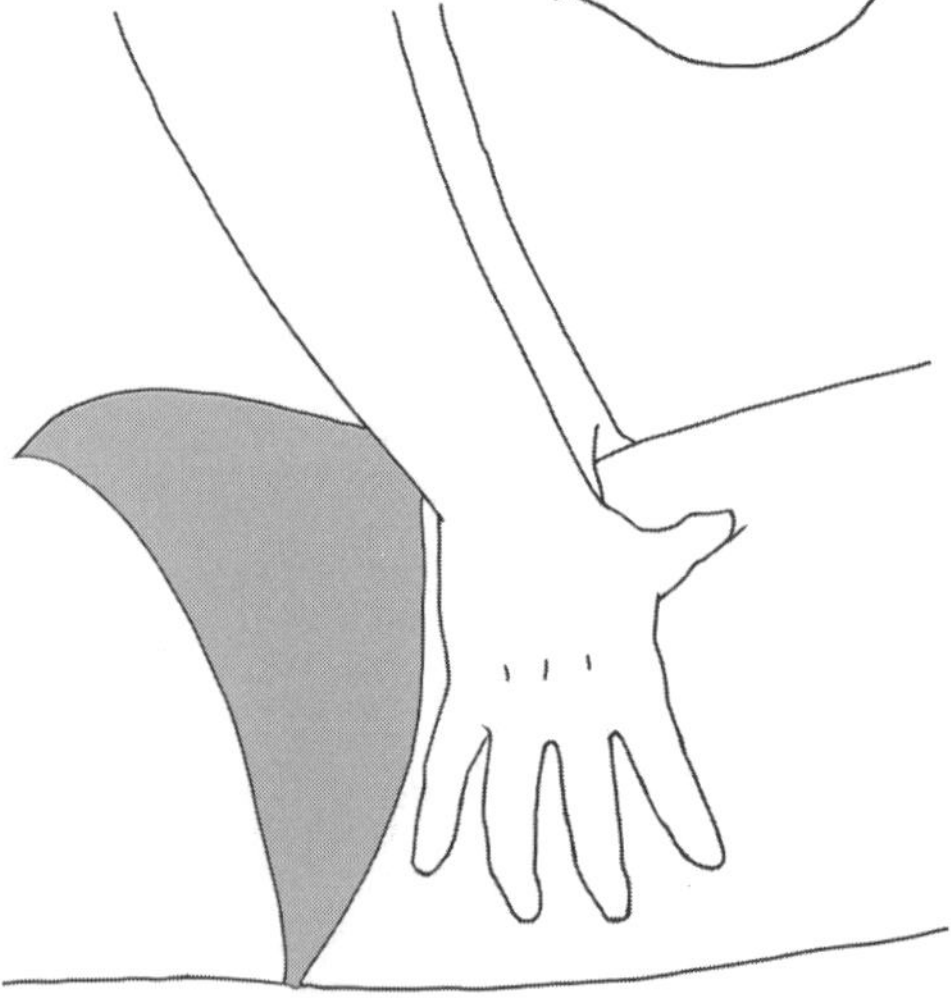

腰

凝っている部分を、親指の腹で円を描きながら押す。

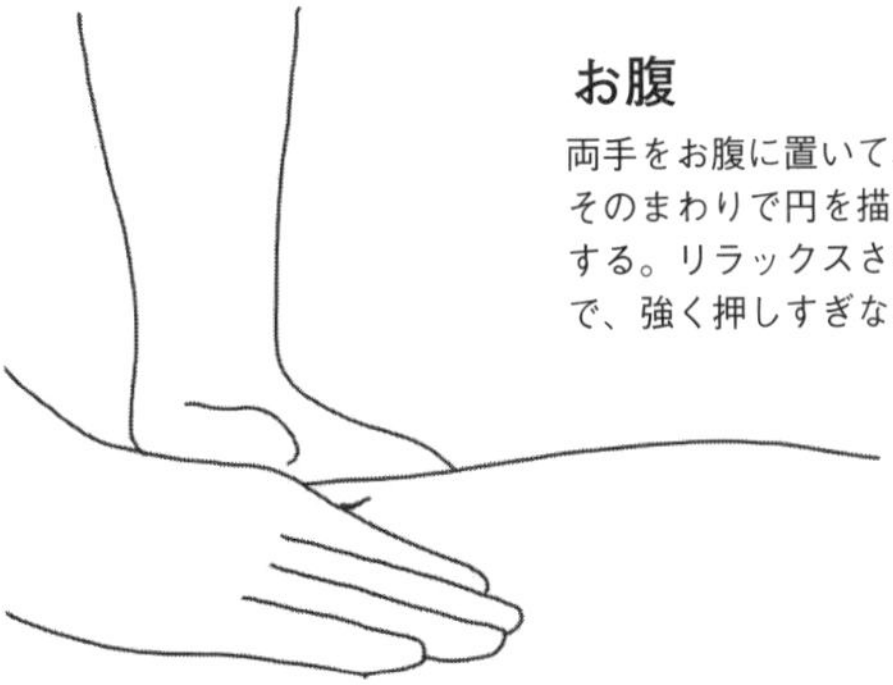

お腹

両手をお腹に置いて、手の平全体でおへそのまわりで円を描くようにマッサージする。リラックスさせることが目的なので、強く押しすぎないようにする。

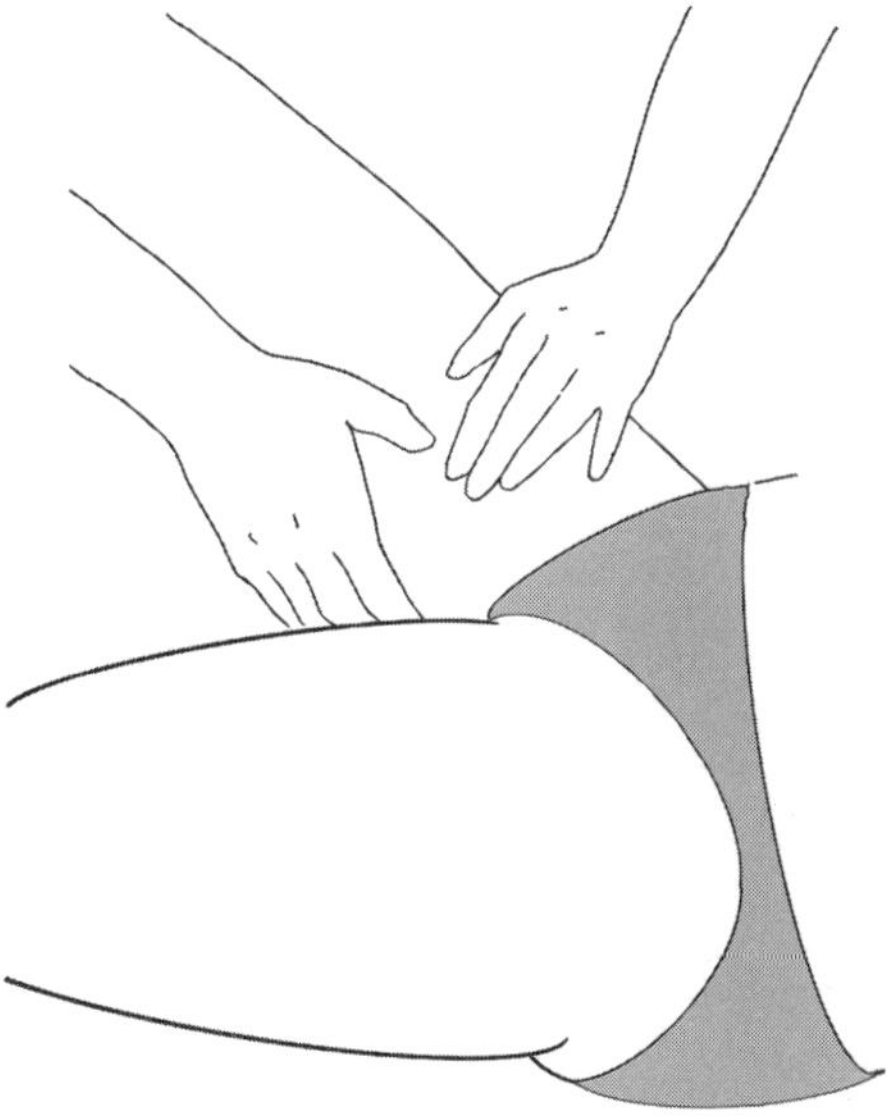

内もも

両手でももの内側をやさしくもみほぐす。ここは女性器に近い場所。抵抗なくマッサージをさせてくれるなら、セックスの受け入れ準備完了に近づいた証拠。

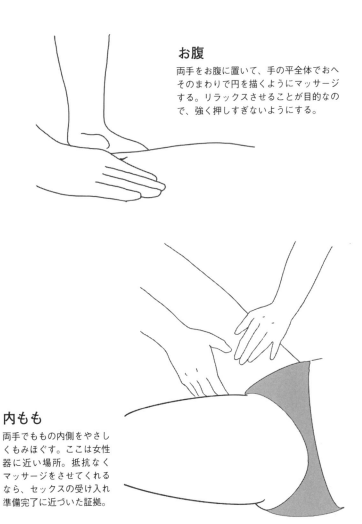

セックスレス

見た目改善3習慣

服装・運動・食事の習慣の改善でセックスしたくなる見た目に

45手

年とともに、自分の容姿の衰えを嘆《なげ》く人もいるでしょう。でも「今さらあがいてもしょうがない」なんて、あきらめるのは早計。早くて1週間、長くても1ヶ月あれば**「女性がセックスしたくなる見た目」**になれる、3つの習慣を紹介しましょう。

まずは服装です。大切なのは、普段から小ぎれいでいるように意識すること。僕は、自宅でくつろいでいるときも、下着だけでだらしなくソファに寝そべっているのではなく、きちんと洗った清潔な服を身につけ、清潔感を与える格好を心がけています。出かけるときは、最低限、アイロンの効いたシャツとズボンを着用しましょう。

もちろん、スタイルを維持することも大切です。適度な運動は、体力アップにつながるだけでなく、肌や筋肉の張りを回復してくれるので、シワやたるみがなくなり、パッと見の若返りにも効果があります。激しい筋トレは必要ありません。１６０ページで紹介する**絶倫スクワット**を、30回1セットを毎日2回〜3回続けてください。体幹がしっかり鍛えられ、美しい姿を保つことができます。僕の場合は、さらに腕立て伏せと腹筋を最低10回。これだけで、タイトな洋服も似合う体になっていきます。

最後は、やはり食事です。炭水化物・タンパク質・脂質の3大栄養素やビタミン、ミネラルをバランスよく取り、塩分、糖分は控えめに。これを基本に、撮影があるときは、脂分の多い肉を多めに摂って、精力をつけています。

僕が特に重視しているのは便通です。朝はトマトジュースとコーヒーを飲むと、腸がゆるんで便通がよくなり、肌のくすみも消えていきます。

そして、これが一番大切なのですが、**「お腹がすくまで食べない」**こと。僕は一日に12時間程度、食べ物を口にしない時間を設けるようにしています。そうすることで頭が冴えて、体のキレもよくなり、体が引き締まってきます。ただこれは、個人差が大きいので、あなたの体質や体調と相談しながら、試してみてください。

セックスレス

口臭ケア・オリーブオイル消臭 46手

口臭、体臭、アソコの臭いはセックスレスの大きな要因

口臭や体臭は、加齢とともに症状が重くなってきます。パートナーへのエチケットとして、臭いはしっかりケアしましょう。

特に気をつけたいのは、お口の臭い。男優業は口の中の清潔さが生命線。僕は、**毎食後は歯みがき、間食後には最低でもうがい、デンタルフロスでのケアは、シャワーを浴びながら1日1回**必ずしています。

舌や唇も毎晩ケアしています。重曹や塩を指に適量つけて、歯茎をマッサージして口内の健康を保ち、唇には寝る前に馬油《マーユ》（↓28手）を塗ります。

舌をきれいにするためには、朝いちばんにガーゼなどの柔らかい布で軽くふきま

しょう。口臭の原因である舌苔《ぜったい》を取り除き、さわやかな息を取り戻すことができます。もちろん、暴飲暴食を慎《つつし》むことは基本です。腸内が健康であれば、口臭が発生しにくくなるからです。

それから体臭。朝、ベッドから出たらまずシャワーを浴びます。**汚れのほとんどはお湯で落ちるので、石鹸《せっけん》は使いません。**石鹸でゴシゴシ洗いすぎると、皮膚を弱酸性に保って肌ツヤをよくしてくれる常在菌《じょうざいきん》の一種をはがしてしまうので、実は逆効果なのです。

ただし、臭いが気になる頭、股間、アナルや、汗や脂でベトベトしているところは、シャンプーや石鹸を使って念入りに洗います。また、加齢臭の発生源は耳の裏や首の後ろと言われているので、気になる人はここにも石鹸を使いましょう。水虫予防のために、足も必ず石鹸を使って洗います。

そうして、シャワーで全身を流したら、吸水性の高いコットンのタオルで体をふきます。僕の場合、これで皮膚はツルツルになります。

アソコの臭いを取るためにプロがよく使っているのは、オリーブオイル。食用のものではなく、薬局や通信販売で手に入る、クレンジング用のものを愛用しています。僕の経験上でも消臭効果が高く、天然成分のため、体にもやさしいと感じています。

シャワーのあと、アナルを触ってみて指が臭ったら、オリーブオイルをアナル周辺に塗って、軽く洗い流します。ペニスも、包皮《ほうひ》をむいて恥垢《ちこう》を丁寧に洗い落としてから、オリーブオイルを塗って流せば、アンモニア臭を落とせます。

意外と臭うのは、おへそ。溝の間に汗や皮脂などの汚れがたまるので、綿棒とオリーブオイルで掃除するといいですよ。ただし、おへそはデリケートなので、やりすぎないように気をつけましょう。クレンジング用のオイルは、ついでに体全体に使えば、毛穴まできれいになります。

パートナーも、自分の女性器の臭いを気にしているかもしれません。あるいは、あなたが相手の臭いが気になる場合も。そんなときは「いいオリーブオイルが手に入ったから、マッサージしてあげる」と声をかけ、浴室で塗ってあげましょう。**お互いに臭いケアをしながら、オイルマッサージで親密な関係を築ける一石二鳥の方法**です。

田淵流“シャワー”

汚れのほとんどはお湯で落ちるので、気になるところ以外にシャンプーや石鹸を使わない。皮膚の常在菌を残しておく意味もある。シャワーで全体を流したら、コットンのタオルで体をふく。

〈シャンプーや石鹸を使うところ〉

- **頭** ………… 頭皮の脂は加齢とともに増える
- **耳や首の後ろ** ………… 加齢臭の発生源
- **股間** ………… 恥垢やムレによる汗の臭いが残る
- **アナル** ………… 便の臭いが残る
- **足** ………… 水虫予防

ここの臭いが特にキツイ

オリーブオイルを塗って、臭いをとる。

- **アナル** ………… ここが臭うと、シックスナインのときに興ざめ。
- **ペニス** ………… おろそかにしがちなのが、包皮の内側。
- **おへそ** ………… 綿棒とオリーブオイルで掃除する。繊細な部位なので、やりすぎに注意！

お口の臭い対策

- **歯みがき** ………… 毎食後
- **うがい** ………… 間食後
- **デンタルフロス** ………… １日１回、シャワー中が便利

セックスレス

アンダーヘアカット

これぞプロの身だしなみ 1センチカットはセックスによいことだらけ

47手

実は、**AV男優のほとんどが、アンダーヘアを約1センチの長さにカットしています。**アソコの臭いをキツくする原因のひとつは、未処理のアンダーヘア。毛が長いとムレるので、雑菌が繁殖して臭いの原因になるのです。だから、欧米ではカットするのが生活習慣として一般的になっています。また、挿入するときに毛が巻き込まれると邪魔になりますが、**短ければツルツルでスルッと入り、**コンドームもハメやすくなります。さらに、**ヘアが短いと、ペニスが大きく見える！**　と、プラスの効果ばかり。ヘアを短くすると衛生的なのは、女性も同様。ヘアカットのメリットをパートナーとも共有して、短いヘア同士でセックスすると、マンネリ解消にもなります。

セックスレス

事前予約制セックス

あらかじめ申し込んだり「セックスＯＫ」の合図を決めたりする

48手

今日はするのか、しないのか。誘うべきか、ガマンすべきか。そんな心理的攻防もセックスの負担のひとつ。だったら、日中のうちに**「今晩はセックスしようね」**と、**決めておく**のもひとつの手です。僕の知り合いの中には、セックスを完全予約制にする夫婦もいます。例えば、「毎週土曜日はセックスする日」と決めておくのです。

あるいは、合図を決めておく夫婦もいます。**パートナーが赤い服を着ていたら「今夜はセックスＯＫ」**などと、決めるのです。こうした方法は、事前の体のケアや心の準備ができるので、女性にとっても安心ですし、そのときに向けてドキドキ感を高めたり、相手に優しくなれたりと、意外に有効なのです。

田淵コラム③

こんなにある!
ぽっちゃり体型の利点

加齢とともにぽっちゃり体型の人が増えてきます。セックスのとき、「重さが相手の負担になるかも」と気になりますが、太っていることは必ずしもマイナスではありません。太っている女性は、膣《ちつ》の中も肉厚になっていることが多く、挿入時にペニスを優しく包んでくれるような刺激があり、男性は気持ちがいいのです。

また、人の重みは、実は意外と心地よいものです。ぽっちゃり女性の全体重が一気にのしかかると一瞬苦しいですが、「完全に身を任せてくれた」という男のプライドが満たされるような感覚を覚えます。女性も男性の重みがかかると同じような気持ちよさを感じ、安心感で包み込まれるはずです。

さらに正常位のときには、男性の下腹部の肉が恥骨の上あたりを圧迫するので、自然と女性の性感帯を刺激できるメリットもあります。

第5章 セックスをさらに楽しむために

1 秘伝の「絶倫スクワット」で勃起《ぼっき》力3割向上！ 持続力も段違いに！

これまでに紹介してきた「48手」は即効性のあるメソッドですが、**並行して体作りの習慣を続けると、相乗効果で、よりセックスが楽しめるようになります**。最初に紹介するのは、基礎体力作り。加齢によるセックスの機能の減退や、容姿の衰えにも効果を発揮してくれます。

僕は仕事柄、自宅で腕立て伏せ、腹筋、スクワットを毎日やっています。1日に10〜30回続けているので、効き目十分です。

その中でも、手軽に続けられて、かつ即効性があってオススメしたいのが、僕が考案した**「絶倫スクワット」**。両足を大きく外に向けて開くのが特徴で、下腹部の奥の方を刺激し、**ペニスや骨盤底筋《こつばんていきん》（→172ページ）の働きを助ける筋肉に効き目があ**

ります。

やり方は、まず、両足を大きく開き、腰を落として、ひざの関節が90度になるまで曲げます。いわゆるガニ股です。骨盤を立てるイメージで上体をまっすぐに起こし、つま先とひざを同じ向きにした状態で、手で両ひざを押してさらに外側に開きます。そして、右肩を前方内側に押し出して右ひざを押し開き、次に左側も同じようにします。これを**左右計30回、1回2秒を目安に繰り返します。1日に2～3セット**できると理想的です。慣れないうちはバランスを崩しやすいので、十分に注意してください。最初はテーブルなどに手を置いて、足を90度に曲げるだけでもいいでしょう。ただし、骨盤を立てるイメージは忘れずに。

僕の経験だと、このスクワットを続けると、**勃起力も射精の勢いも3割ほど向上します**。即効性もあるので、これから本番、というときにも効き目があります。20年続けているけれど、僕の場合、間違いなく効いています。

また、体幹（上半身の胴体部分）が鍛えられるので疲れにくくなりますし、姿勢がよくなって見た目の好感度もアップします。いいことづくめのスクワットです。

勃起力アップの絶倫スクワット

① 大きく両脚を開く。

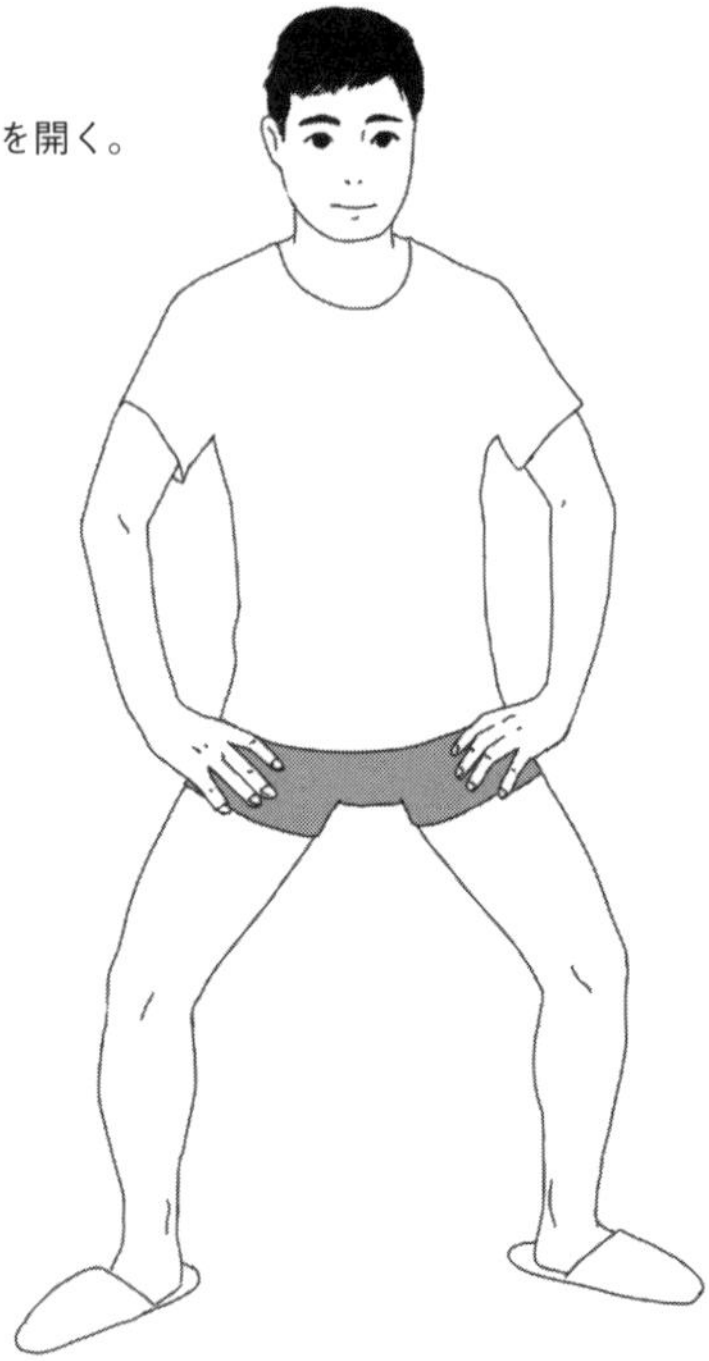

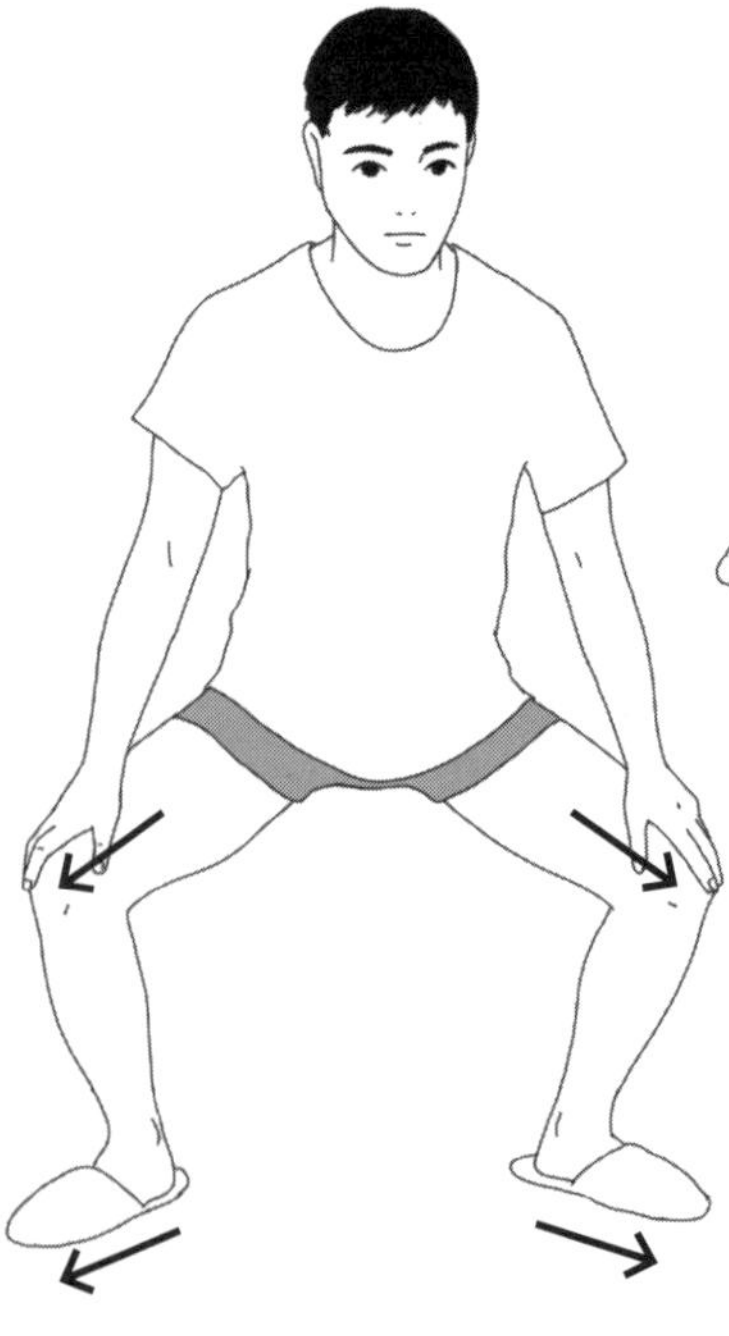

② 骨盤を立て、上体を起こし、ひざが 90 度になるように腰を落とす。つま先とひざを同じ向きにして、両ひざを手で押し開く。

③ 右肩を入れて右ひざを後方に押す。

④ 左肩を入れて左ひざを後方に押す。これを左右計30回繰り返す。

2 「ローリングトレーニング」で舌筋《ぜっきん》を鍛えてクンニ力アップと若返り！

セックスでは舌をとてもよく使います。しかし、舌の筋肉は日常では必要以上に使いませんので、クンニを続けていると舌が疲れてしまうという人が少なくありません。「骨盤クンニ」（↓9手）は有効ですが、直接的に舌筋《ぜっきん》を鍛える方法がありま す。それが、**「ローリングトレーニング」**。

やり方は簡単。舌を思いっきり口の外に出し、その舌をグルッと回転させるだけです。手はじめに1日1セット、右に20回、左に20回ずつ回転させましょう。このトレーニングを続けていると、クンニを長時間続けても疲れなくなります。また、舌自体に弾力性が増すので、なめの強弱も自在につけられるようになります。その上、顔全体の筋肉を動かすので、**顔のたるみもなくなり、見た目も確実に若返ります。**

舌のローリングトレーニング

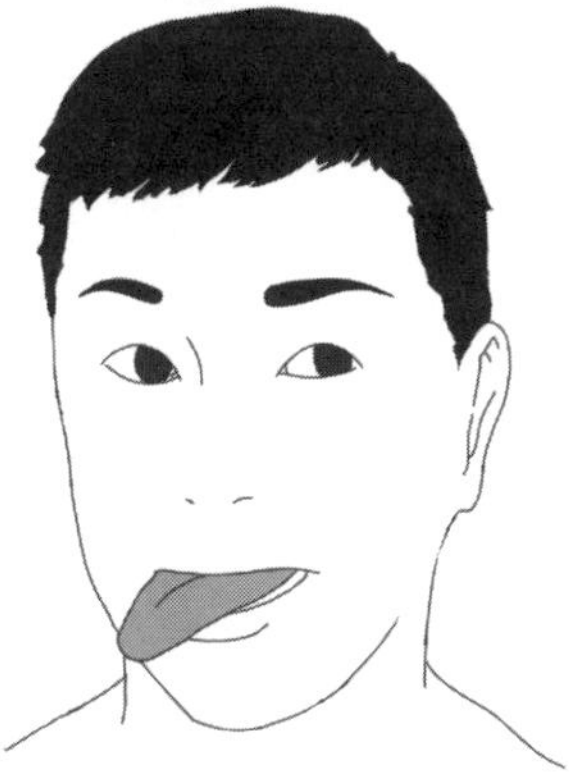

② まず右回しから。舌を右へ。

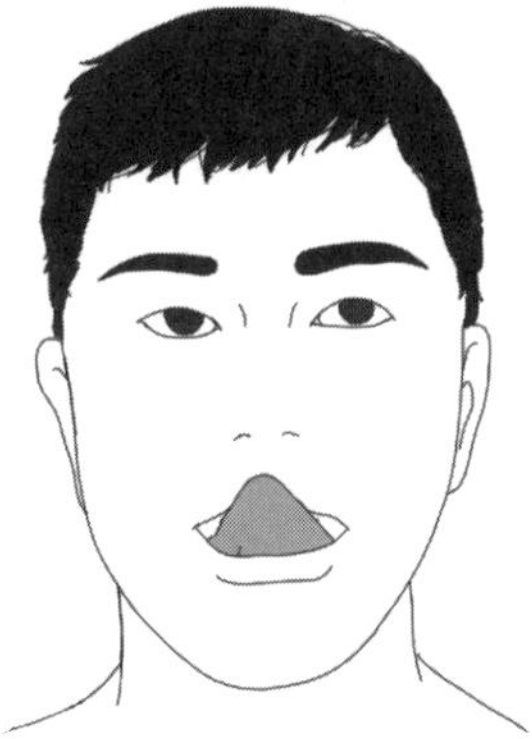

① 口をできるだけ閉じたまま
舌を上に。

④ 舌を左へ。そしてまた上へ。これを 20 回。左回しも同様に 20 回。

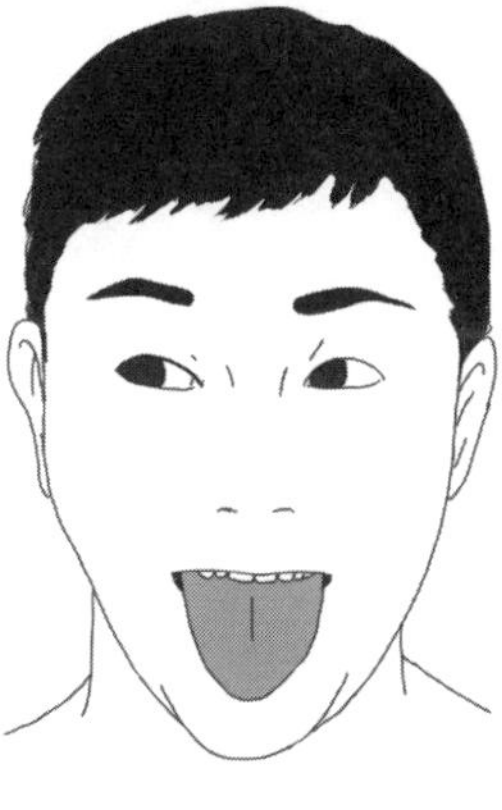

③ 舌を下へ。

3 「陰嚢《いんのう》引っ張り」と「恥骨《ちこつ》プッシュ」オナニーで性機能が回復！

僕は、もともとはペニスが小さかったんです。でも、男優になって使い続けていたら、30年後のいま、サイズが1・5倍くらいになりました。筋トレで筋肉が肥大するのと同じで、**普段から勃たせてパンプアップしている状態をキープ**していると、次第に大きくなるんです。

セックスの機能を維持する一番いい方法は、男性も女性も、性器を使い続けることです。ですから、セックスはもちろん、男女ともに**オナニーもできるだけした方がいい**。使い続けることで、ホルモンが活性化するんです。試合本番に向かっての自主練ですから、いわば「素振り」ですね。

僕が実践しているオナニー法をふたつ紹介しましょう。

ひとつが「陰嚢《いんのう》引っ張り」。しごきながら陰嚢を痛気持ちよく感じるくらいに引っ張ってみてください。**睾丸《こうがん》周辺には、快感をもたらすツボがたくさんある**ので、性機能が活性化して、精子がいっぱい出るようになります。

もうひとつが、「恥骨《ちこつ》プッシュ」。ペニスは腸と隣接しているので、恥骨《ちこつ》の少し上を押しながらしごくと、腸が刺激されて勃起力が回復することが多いです。習慣的に続ければ、いざというときに「困った！」という瞬間が少なくなるはずです。

一方オナニーの仕方が悪いと、セックスに悪影響を及ぼします。例えば、完全に勃起しないまま発射するオナニー。脳が「半勃ちのまま射精してもいいんだ」と、間違って刷り込みをしてしまい、中折れの一因になります。

また、オナニーのとき握りが強すぎると、その刺激に慣れてしまい、圧が弱い女性器でイケなくなってしまいます。実は、これも中折れの大きな原因のひとつ。そんな人は、1週間くらいオナ禁してパンパンに精子をため込んでセックスに臨むと、感度が高まり、挿入でもイケるようになります。

4

「前立腺《ぜんりつせん》オナニー」で男のGスポットを刺激　この快感は別次元！

男性は歳を重ねると、誰でも前立腺が弱くなります。ここが腫れて大きくなる**前立《ぜんりつ》腺肥大症《せんひだいしょう》**になると、勃起障害や頻尿になったり、悪化すると、前立腺ガンになったりすることもあります。予防するには、日々の軽い運動とバランスのとれた食事で健康体になることがいちばんですが、欧米のある研究では、因果関係は明確ではないながら、「習慣的な射精も効果的」という研究結果が発表されたこともあります。

僕は「使わない器官は退化する」と考えています。前立腺も使って刺激しないと、機能が弱まるばかり。

より前立腺を刺激する方法には、アナルに指を入れて自分で前立腺を直接刺激する前立腺オナニーがあります。まず、指にコンドームをかぶせ、馬油《マーユ》などのオイルをたっぷりつけて、すべりをよくしましょう。そして、しゃがんで前から股の間に手をまわし、アナルにズボッと指を入れます。1〜2本（人差し指と中指など）は比較的スムーズに入ります。第二関節くらいまで入れると、上部にクリっとした突起があります。男性にしかないちょっとした膨《ふく》らみで、そこが前立腺。その膨らみを、Gスポットを刺激するのと同じように、軽くタップするように刺激します。

最初は慣れずに不快感を感じることも多いですが、「開発」していくと、**思わず〝ウッ〟と言ってしまうほどの快感が走り、イキそうになります**。そこを触りながらオナニーすると、勃ちが力強くなり、男性機能が活性化して、精子が勢いよく飛び出します。オイルをたっぷり使うので、お風呂場でするといいですよ。

女性にお願いする場合は、素人には難しいので、まずはプロに頼みましょう。五反田などの風俗店には前立腺のプロがいます。**風俗嬢に聞くと、高齢の方も結構来ているそうです**。射精の勢いを取り戻せるので、自信回復にも効果があるということでしょう。僕は20年くらい前に風俗店ではじめて経験したのですが、それ以降、自分でもトレーニングとして取り入れています。ペニスの機能は、明らかに活性化しました。

経験を積むほど快感が増す
前立腺オナニーの楽しみ方

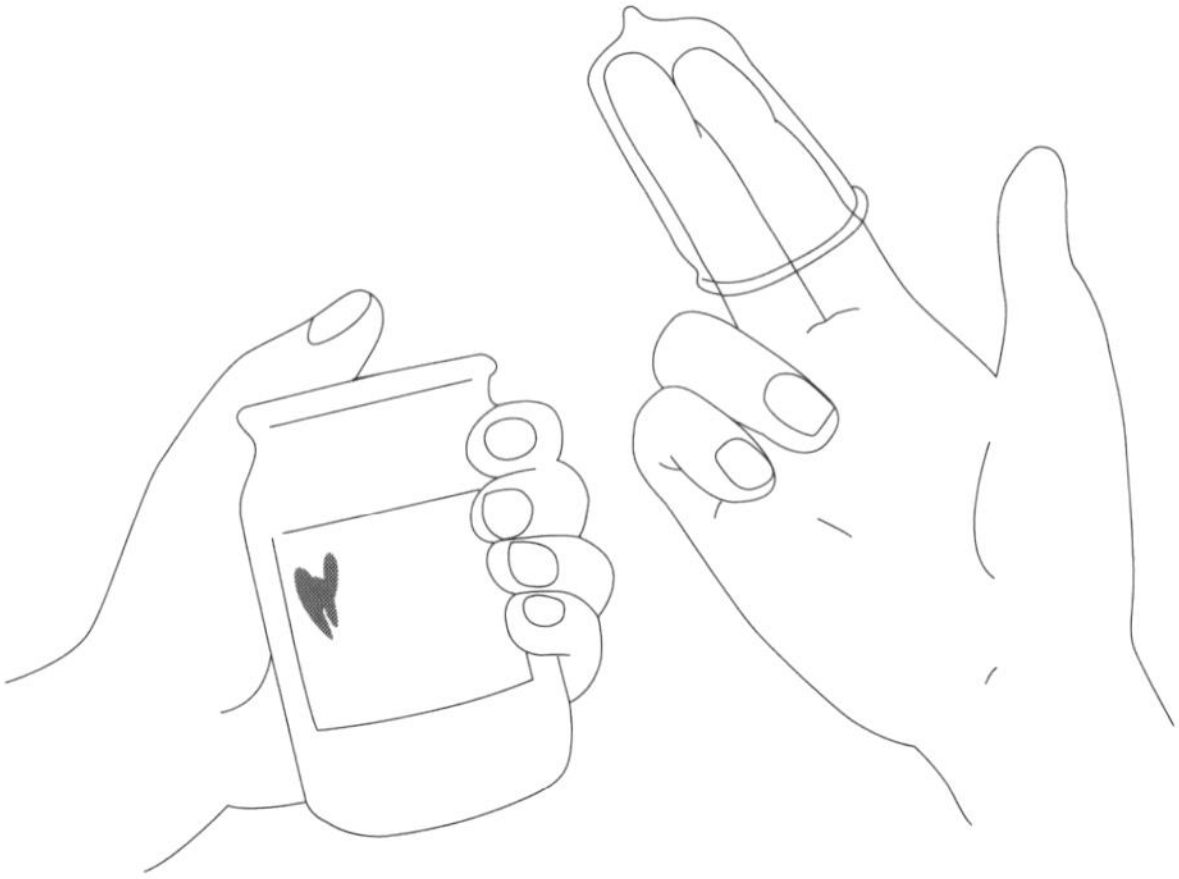

① 指にコンドームをかぶせ、馬油などのオイルをたっぷりつけて、アナルにスムーズに入るようにする。前立腺オナニーはお風呂場でするといい。

② しゃがんで、前からアナルに人差し指と中指を入れる。最初は1本ずつでもOK。

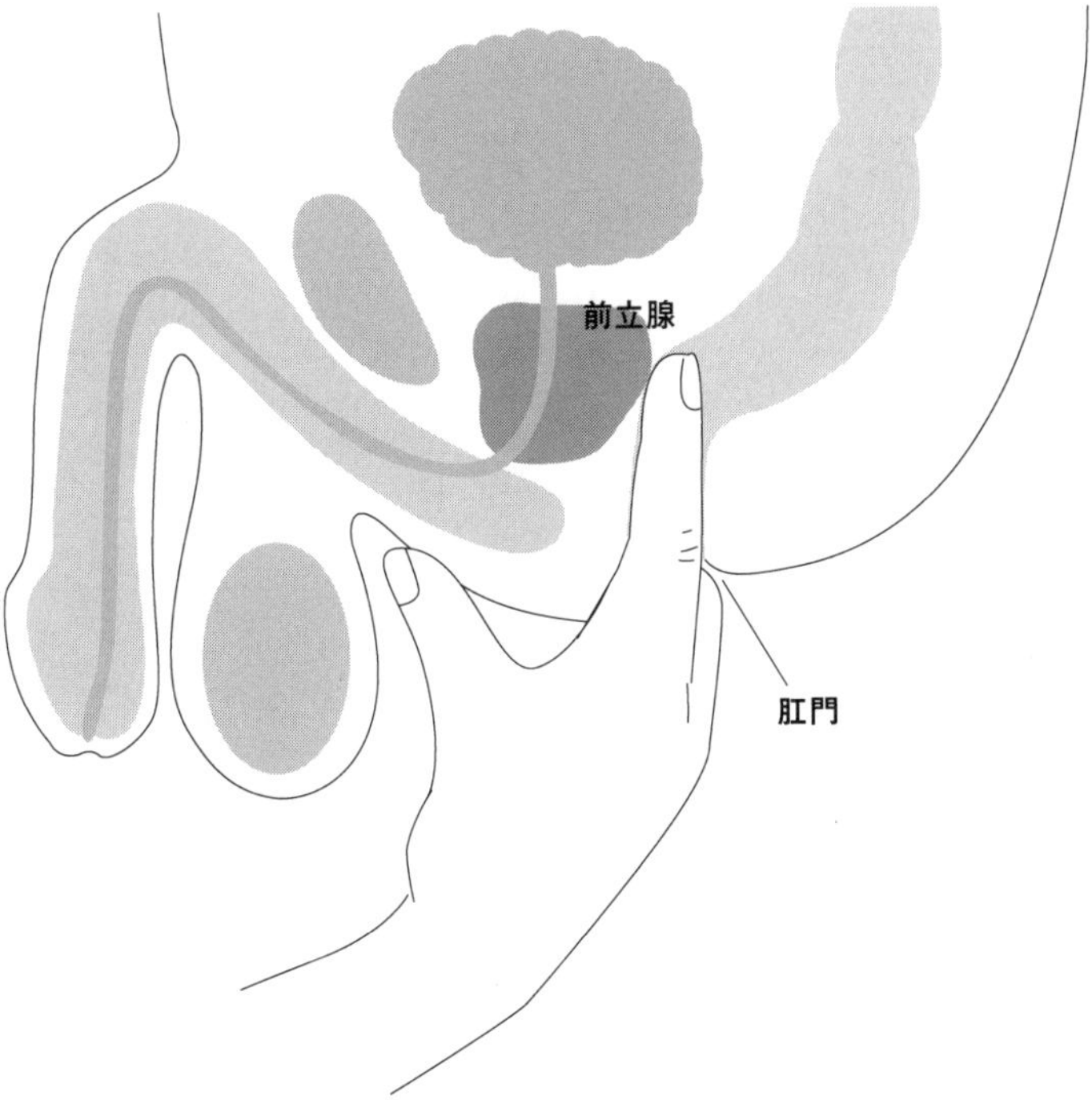

③ 第二関節くらいまで入ると、指先が前立腺に触れる。開発には時間がかかるが、一度快感を覚えると、前立腺をちょんちょんと刺激するだけで、思わずイキそうな感じになることも。そこを触りながらオナニーすると、精子が勢いよく飛ぶ。

5 「アナルの10秒トレーニング」でペニスに風船並みの膨張力を取り戻す！

中折れや半勃ち解消に威力を発揮するトレーニングは他にもあります。

それは、アナルの引き締めトレーニング。

勃起しているときに、お尻に力を入れて、アナルをギュッと引き締めたり緩めたりすると、ペニスがピンピンと上下に揺れますね。このとき、引き締められている筋肉のことを**〝骨盤底筋〟**と言います。骨盤を支えているインナーマッスルであり、恥骨《ちこつ》から肛門のあたりに位置していて、アナルに通じる直腸や、膀胱《ぼうこう》、子宮などの臓器を下から支えています。

やり方はとても簡単で、10秒かけて息をゆっくり吸いながらアナルを引き締め、吐きながら緩めて1セット。ペニスには2本の海綿体があるのですが、その根本を支えているのも、この骨盤底筋です。そのため、**アナルをギュッと引き締めると、骨盤底筋が収縮して海綿体の根本がギュッと締められて膨張します。**その結果、ペニスも大きくなって、反り上がるのです。ちょうど膨らんだ風船の根本をギュッと握ると、中の空気に圧力がかかって、風船の上部が膨張するのと同じ状態です。

この骨盤底筋がパフォーマンスを発揮しないことも、勃起力が弱まってしまう原因のひとつ。骨盤底筋を鍛える引き締めトレーニングを、１日最低１回は実践しましょう。すき間時間が鍛えるチャンス！習慣化しやすいトレーニングです。

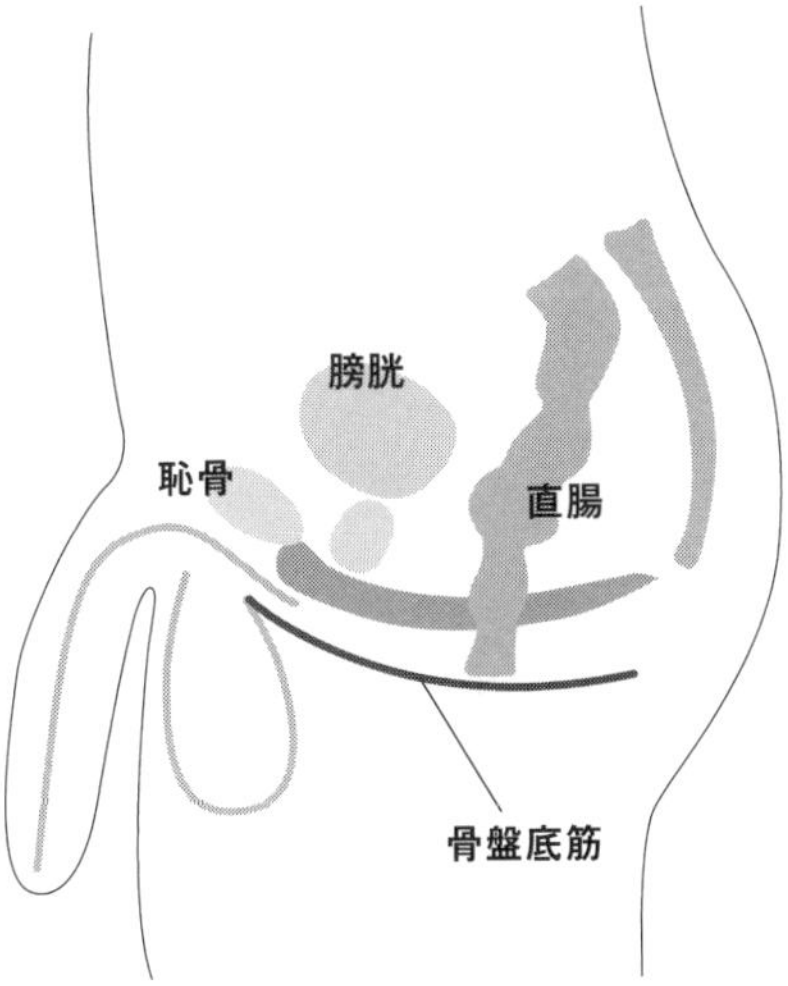

骨盤底筋は、骨盤を底から支える筋肉の総称。アナルの引き締めトレーニングをすることで、この筋肉を鍛えることができる。

6

「温冷浴《おんれいよく》」で全身の感度を高め遅漏《ちろう》や中折れとサヨナラ

年を重ねると、**性器に限らず、全身の感度が鈍る**のはどうしても避けられません。セックス中に速攻で感度を高めるのは難しいですが、普段の習慣として取り入れ、**徐々に全身の感度を取り戻す方法があります。それが温冷浴《おんれいよく》です。**

温冷浴とは、お湯と冷水に交互に入浴する方法です。まず、湯船に36℃〜42℃のお湯を張ります。ここに1分浸かるのが温浴です。その後、14℃〜24℃に設定したシャワーを1分浴びます。これが冷浴です。はじめのうちは**1サイクル2回〜3回**を目安にし、水温の設定を上げ、温度差を小さくして実践した方が安心です。

温冷浴の効果としてよく言われていることは、血管が拡張することによる血行促進効果。温浴だけの場合に比べ、より体が温まるので、冷え性、不眠などに効くとされています。

僕は経験上、それらに加え、**全身が敏感になる効果もあると考えています。**毛穴が開いて汗腺《かんせん》に詰まっていた汚れが取り除かれ、その直後に毛穴がキュッと閉まるので、肌が引き締まり、体の表面がスベスベになって、感覚が研ぎ澄まされるのかもしれません。

愛撫《あいぶ》されたり、なめられたりしても興奮しなくなった方は、温冷浴を試してみてください。1ヶ月ほど毎日続けて体が慣れてきたら、サイクルを増やしたり、温度差を広げて試してみたりしてもよいでしょう。

ただし、心臓が弱い方や高血圧の方、そして高齢の方など健康面に不安のある場合は、必ず主治医の先生に相談してから実施するようにしてください。

冷浴	温浴
14℃～24℃ のシャワー 1分	36℃～42℃ の入浴 1分

2回～3回くり返す

7 「恋愛」は最強の自分みがき 妄想の中でも恋人を作ろう

いつまでも現役でいる――。それは、女性と恋愛ができるポテンシャルを保ち続けることです。「最近、オシャレになったわね」「浮気してるんじゃないかしら?」とパートナーが疑ってしまうくらい、自分みがきをしてください。清潔感を保ち、**他の女性から魅力的だと思ってもらえるくらいの自分**になれば、パートナーも「私もきれいになろう!」と張り切ってくれるでしょう。

例えば、勤務先の同僚や部下、ご近所さんや異性の友だちなど、**身近に好きな人、セックスしたい人を見つけてみてください**。〝目指すもの〟があるから、自分を高めようと決意するのです。

必ずしも、行動に移す必要はありません。「あわよくば、彼女とデートできるかも……」と想像しているだけでも効果十分。彼女によく思われようと、自然とかっこいい生き方を目指すようになります。**常に脳を刺激して、行動する。それが、年を取っても老けないコツです。**

　まわりにそういった対象が見つからない場合は、**芸能人を〝理想の恋人〟に仕立てるのもアリです。**年を感じさせない美しさで魅力をふりまく芸能人がたくさんいます。そういった先例を「妄想の恋人」にイメージトレーニングをして、カッコいい自分を作り上げてください。

「女性にモテたい」と念じながら生活すると、自分をみがくようになる。

8 「風俗店」で〝できない〟ストレスを解消 パートナーにも優しくなれる

どうしてもパートナーと性欲のズレが生まれてしまうなら、**風俗店を利用するのも、ひとつの手**でしょう。

お互いに不満がたまって大げんかして別れたり、ストレスで病気になってしまったりするのは困りもの。セックスができなくてパートナーとギクシャクするくらいなら、コンドームを使って性病予防をしっかりした上で、風俗店を利用することは、決して悪いことではないと僕は思っています。

ストレスから解放されて満足していると、パートナーに対しても優しくなれますし、それが引き金で夜の営みが復活するかもしれません。絶対に内緒ですが、プロのサービスを思い出して興奮が高まれば、中折れだって防げるのです。

現在の日本では、風俗店も多種多様です。**すべてのマニアックな願望やフェチに対応できるサービスが揃っていると言っても過言ではありません。**

本書で実施したアンケートによると、ＳＭやアナル責めなどの特殊な趣味に目覚めたり、興味を覚えたりする中高年が少なくないことがわかりました。そういった欲望も、風俗店なら安全に満たすことができます。

もちろん、中高年向けに的を絞った店や、熟女を揃えた店もあります。男性機能を活性化する「前立腺刺激」に特化した店もあります。中には、あえて超デブやブサイクをウリにした店もあるほどです。しかも、驚いたことに、結構流行っているんです。

ニッチな欲望に応える新感覚の風俗店

風俗嬢にマッサージする 逆リフレタイプ

“キスはしない”はもう古い？
しないどころかディープキスがウリの店

パートナーに嫌がられたらコチラ アナルなめ専門店

同世代を見つけるなら 55歳以上の超熟デリヘル

9 アクティブに「趣味系サークル」に出かけるか？ 活況の「出会いサイト」にチャレンジか？

「相手がいない」というのは全世代共通のセックスの悩み。特に中高年になると、セックスレスや、あるいは死別などによって深刻化していきます。共通の趣味を持った、気のおけない友だちのようなセックスパートナーがほしい、という人もいるでしょう。

最近では、**出会いを目的にしたイベントの中にも、中高年に特化したものが登場しています**。イベントスペースやレストランを貸し切るノーマルなものから、スポーツ婚活、婚活バスツアー、ボウリングのコンパなど、こちらも多種多様。「婚活」「シニア」「出会い」といったキーワードでインターネット検索すれば、選択肢がたくさん表示されます。

趣味のサークルやイベントなどで出会いを探すことも可能です。自分が好きなものに熱中している男性は、輝いてみえるもの。そういう意味ではどんな趣味でもよいのですが、手とり足とり指導してあげたり、ハイタッチしたりとボディタッチの機会が多く、距離が縮まりやすいのがスポーツです。社交ダンスやボウリング、ヨガ、テニス、ゴルフ、卓球などは、中高年の愛好者も多いので、いままで経験がなくても挑戦しやすいでしょう。試合などを通じて一体感が生まれやすいのも魅力です。

お仕事をされているなら、経営者セミナーや講習会もアリです。参加者同士のグループワークもあり、初対面同士の共同作業を通して、関係が深まるチャンスが多くなります。大切なのは、**少しでも興味があったら、出会いの場に臆せず出かけること**。ダメ元で参加してみないことには、チャンスは広がりません。

そうはいっても、イベントで大勢に会ったり、時間をかけてパートナーを探したりするのは面倒、という人もいるでしょう。そんな場合にオススメなのが、**出会いサイトやマッチングアプリ**。マッチングアプリは、ケータイに写真やプロフィール、求めている相手の条件などを登録し、会員同士が相互に参照できるアプリのことです。お互いに「お気に入り」になると、マッチングが成立。そこから、たいていはデートの約束を取り付けたりします。出会いサイトやマッチングアプリでは、結婚・再婚相手や友だちも探せますが、最近では、セックスの相手を探したい方、若い女性と知り合いたい方向けのものも増えてきています。

アプリの特徴や、ユーザーの口コミを比較したサイトも充実していますので、念入りにチェックして、「自分の目的にあっているか？」「無理なく支払える利用料か？」「退会の条件は？」といったポイントをクリアしたら、登録してみましょう。

質《たち》の悪い業者が不安だという人には、結婚情報誌が運営しているサイトは安心できます。また、再婚したい人を応援している婚活アプリやデートに特化したアプリは、男性ユーザーの年齢層が高めですし、月額利用料も手頃ですので、はじめての利用には適していると言えます。一方、口コミの評判がよくなかったり、月額利用料が高かったりする場合（アプリでは1万円以上）は、避けた方が賢明です。

もし、「出会っても、そこから恋愛につなげる自信がない」という場合は、ぜひ僕が理事と講師を務めている恋愛スキルセミナーを受講してみてください。

田淵さんが理事と講師を務める
恋愛スキル協会 Licomo

「男性・女性・Gender、すべての人の幸せをサポートします」をテーマに、個人向けの相談会やセミナー、ZOOM を使った動画会話での相談会やセミナーを開催。「モテる　愛されるへ」「会話術の ABC」「男性の願望　女性の本音」など７つのステージで構成される恋愛・婚活スキル講座に加えて、選択講座も多数用意されている。男性、女性、セクシュアルマイノリティ、シングルファザー・マザーの人が、別々に学ぶ講座もあり。

https://www.licomo.jp/

10 「年上男性と年下女性」はベストマッチ 自信を持ってアドバンテージを活かそう

アンケートの結果を見ると、10～20歳年下の女性と付き合いたい願望のある中高年男性も多いようです。ですが、「どうせ相手にされない」と、なかばあきらめていませんか？ 大丈夫。**もともと女性は、年上の男性を好む傾向があります。**フィンランドのある研究チームが行ったアンケートでは、女性は男性よりもセックスできる相手の年齢の幅が広く、自分より上の年齢も許容できると報告されたこともあります。

女性は男性に包容力を求めるので、**年上男性と年下女性は、相性がいい**んです。中高年の年上男性は、ガッツいてなくて、優しくて、物知りで、愛撫も丁寧。そこが若者との大きな差、アドバンテージです。

僕は現場で若い女優さんと仕事をすることが多いのですが、いつも紳士的に接することを心がけているので、わざわざ指名をしてくれる女優さんも少なくありません。余談ですが、経験的に、**おじさん好きの女性は真面目そうな顔をしていることが多い**ようです。

「こんなおじさんで本当に大丈夫か？」と不安になりがちですが、**清潔感のある身だしなみで紳士的に接していれば、ずっと若い男性よりモテる**ことも十分にあります。ただ、年を重ねると体臭や口臭がキツくなるので、しっかりとケアをしておくことはマストです（↓46手）。

また、**説教もNG**です。基本的には同じ目線で、おしゃべりに付き合ってあげましょう。70代でも、若々しく会話ができる人はいます。そういう人はマインドも若いんですね。

上から目線の説教調で接するのではなく、ときには友だちのように接する。

11 一度きりの人生を楽しみ尽くす「不倫の作法」

結婚しているけれど、妻とはセックスレス。家庭を壊さずに、妻以外の女性とエッチできる関係になりたい――。本書のアンケートでは、不倫経験を持つ男性が半数以上を占めました。

SNSが普及した**現代は、史上もっとも不倫しやすい社会**と言われます。実際、不倫のおかげで不満のぶつけ合いがなくなり、夫婦関係が改善した、ストレスが減って仕事がうまくいくようになった、というポジティブな声も少なくありません。

しかし一方で、不倫は法律上の不貞行為にあたり、ヘタをすると損害賠償の対象にもなります。

セックスは、お互いを思い合って、ともに快楽を得るという、**男女のバランスのと**

れた関係で成り立つもの。たとえ不倫であっても根底にあるものは同じですが、そのバランスは非常に不安定です。

自分の快楽に正直になって、あえてリスクをおかすわけですが、一番重要なのは、**生活に安らぎをもたらしてくれる家族を大切にすること**。特に不倫同士のカップルの場合には、同じ立場を共有する者同士の思いやりが必要で、相手の負担にならないよう、過度に依存しない自律心も持たねばなりません。

そして、配偶者や家族、関係者を傷つけないために、**秘密は守りぬくんだという強い覚悟**も必要です。

他者に思いやりを持ち、自分を律して行動し、自らの快楽を求める――。これが、大人の不倫の作法です。

不倫の心がまえ
一、快楽に忠実に、一度きりの人生を楽しむ
一、家族が第一、決して迷惑をかけない
一、不倫相手に思いやりを持ち、過度に依存しない
一、秘密は守りぬく覚悟をする
一、法律上は不貞行為にあたることを肝に銘じる

12 女性にとってはイチャイチャもセックス「挿《い》れないセックス」は年を重ねる醍醐味《だいごみ》

いろいろな理由でパートナーを満足させられない――。そのために、自信をなくしてしまう男性も多いでしょう。

では、女性の満足とはなんでしょうか？

挿入されて絶頂に至ること？

実は、ここに大きな誤解があります。男はすぐにペニスを挿入したがりますが、女性にとっては、ベッドに入るずっと前、**何気ない会話も食事も、全部含めてセックスなのです**。

射精のあとも同様です。男性は射精をセックスの終了とみなしますが、女性にとっては一部でしかありません。**後戯もセックスの一部**ですから、終わったあともイチャイチャしたい。むしろその時間に、心地よさを感じて満足する女性も多いのです。この特性は忘れないでおいてください。

ですから、「何がなんでも挿入しなければ」と男が考えるのは、独りよがり以外の何ものでもありません。そのときの女性の様子を見て、**自分たちで自由に「２人のセックスのカタチ」を決めればいいのです**。〝挿《い》れないセックス〟でも、女性は十分に楽しめます。

では、男性はどうすれば満足できるのでしょうか？

もちろんオナニーや手コキで射精するのもひとつの手ですが、僕の経験上、**年を重ねるほど、男性も、女性と同じような満たされ方ができるようになっていきます**。男性ホルモンの働きが減少するからかもしれません。

女性が愛撫で気持ちが高ぶり、思わず声を出している様子を見たり、手マンやクンニで女性がイクのを眺めたりしているだけで、満たされた気持ちになる。

この域までいけば、**「挿れないセックス」の達人**。あなたはもう、中折れで悩む必要はありません。

中高年男女5人
セックスのホンネ物語

本書の著者・田淵正浩さんのセミナーに参加している40代から60代の男女5人が集まり、座談会を開催。48手を実践した感想、性生活の悩み、リアルな体験談と、田淵さんからの親切なアドバイスで盛り上がり、楽しく濃密な時間になりました。お悩み解決のヒントにしてみてください。

参加者プロフィール

Tさん：60代男性。自営業。既婚で結婚歴は36年。

Yさん：50代男性。会社員。既婚で結婚歴は30年。

Fさん：40代男性。会社員。バツ1で妻とは別居。現在マッチングアプリで婚活中。

Iさん：40代男性。会社員。パートナーは20代で交際歴1年半。

Mさん：40代女性。バツ１。最近、50代既婚男性のパートナーができた。

11年セックスレスでも夫婦円満 中高年ハッピーライフの理想の姿

田淵さん　Tさんは最年長の60代ですね。ご結婚36年ですが、セックスの頻度はどれくらいですか？

Tさん　女房とは11年間していません。結婚25周年で海外旅行に行きまして、そのときが最後。それ以前からセックスレス気味ではあったのですが、新婚の頃を思い出して、急にセックスがしたくなったんです。**田淵さんがおっしゃるように、旅行で雰囲気が変わったのでしょうか**。それ以来セックスレスなので、誘うと言ってもどう言ったらいいかわかりません。部屋もベッドに入る時間も違いますし、誘っても本気で聞いてくれないと思います（笑）。

田淵さん　夫婦のコミュニケーションはあるのですか？

Tさん　**仲はすごく良いんですよ**。共通の趣味が山登りなので、休日などは2人でよくハイキングをしています。年に1回は、旅行を兼ねて地方に本格的な山登りにも行っています。海外での登山にも挑戦したことがあるんですよ。できるだけ夕食も一緒に食べるようにしていますし、誕生日や結婚記念日などの節目には、外食に出かけることもあります。

Fさん　セックスしたくなったときは、どうしているんですか？

Tさん　一人で処理するときはありますよ。今でも、やろうと思えば3日に1回くらいはできると思います。

田淵さん　セックスがなくても、お二人の関係はハッピーだと思います。ただ、もしTさんがもう一度奥様とセックスするチャンスを作りたいなら、また旅行に行くしかないと思います。山登りの後にしたくなることはないんですか？

Tさん　あ、疲れている方が元気なときはあります！　アドレナリンが出て、適度に体が熱くなっていますからね。夫婦ともにそういうタイミングって確かにいいと思います。片方だけだとマズイですけど。

田淵さん　そこがチャンスです！　ただ、ご家庭はとても円満なので、無理にセックスして今の関係を崩さない方がいい気もします。したくなったら、こっそりセフレも作りましょうか！

一同　(笑)。

セックスレスでも夫婦生活を壊さず満たされていない女性とアプリで出会う

田淵さん　Yさんは、ご結婚30年ですが、セックスはされていますか？

Yさん　私も妻とは、6年ご無沙汰《ぶさた》です。向こうがもともとあまりセックスが好きじゃないんですよ。子供が生まれてからはそれがさらに加速して、「月2回」と決めていたんですが、なんの工夫もしていなかったせいか、妻の義務的な感じが強くなるばかり。お互い楽しめず、自然にしなくなりました。

田淵さん　セックスが好きではない女性もいますよね。イチャイチャならいいって人もいたり、理由は人によって様々ですが、根深い場合は、カウンセラーが必要なこともありますよ。

Iさん　それ以降、セックスのお相手はいましたか？

Yさん　50歳くらいのとき、ダブル不倫をしました。同窓会で再会した相手です。

Iさん　どうしてそういう関係になったんですか？

Yさん　向こうもセックスレスで、相談に乗ったりしているうちに、こちらからホテルに誘いました。

田淵さん　同じ悩みを抱えていたんですね。女性は心が通じ合える相手には身体を許すところがありますから。セックスレスになって、奥様との関係に変化はありましたか？

Yさん　5年くらい前に1度離婚を考えたことがありました。その頃は、一緒にいるのも苦痛でしたね。最近は、少しだけですが会話もしますし、旅行もするようになっています。今はだいぶ息苦しさは消えてきました。

田淵さん　奥様がセックスが嫌いで、Yさんも奥様としたいと思ってないなら、今の関係を無理に変える必要はないでしょう。旅行などで気分転換して、ご関係を少しリフレッシュするくらいでいいと思います。問題は、Yさんのセックスに対する欲求をどうするか、です。

Yさん　生活自体に不満はないけど、同じようにパートナーとのセックスに不満のある女性と、満たされない部分を埋め合えればいいと思います。

田淵さん　それなら、マッチングアプリで相手を探してみるのもいいですね。ちなみにFさんは、今まさにマッチングアプリで婚活中なんですよね？

前戯は大切、でも頑張りすぎは禁物 キーワードはヘラヘラ、ゆるっと

Fさん　3人目の結婚相手をマッチングアプリで探しながら、そこで会った人とセックスするという日々です。

田淵さん　まだ40代とお若いですが、何か悩みはありますか？

Fさん　最初はめっちゃ勃ってるんですが、ご奉仕している間に折れてきちゃって、女性が「もう挿《い》れて～！」

と言う頃には萎《な》えているんです。そういうときって復活するのが大変で、何とか入ってもイクまでに時間がかかるんです。

田淵さん　前戯中に萎えてくるのは、男優も同じなんですよ。これは、頑張っちゃダメなんです。自分がなめたり手マンしたりしているのをニヤニヤ喜びながら、薄ら笑いしながらやるんですよ。頑張って「この娘のために」なんて思うと、緊張して勃たないんです。頭の中ではおバカになって、ヘラヘラ笑っているのがいいんですよ。ゆるっと前戯してください。

Fさん　でも、田淵さんに教えていただいた前戯は効きました！　フェザータッチは、はじめはくすぐったがったんですが、それが、だんだん気持ちいいに変わりました。乳首の周りが特に効いたんですよ。さわさわしたり転がしたりしてたら「あんっ」って声が出て。それから、僕は早漏気味なんですが、鼻呼吸を意識したら発射を抑えられるようになりました。クンニのときも、息継ぎしなくていいんで役立ちます。今は、ランニングするときも、鼻呼吸を意識しています。ただ、さすがに最初からギンギンだったときは、鼻呼吸してもイッちゃいましたけど（笑）。

田淵さん　（笑）。〝気持ち〟ですね。彼女に対して集中しすぎるとすぐイッちゃいます。自分でコントロールするんです。相手の目を見ないようにするとか、イキそうになったら一度抜いてクンニするとか。手綱を調整すると10分、20分と続きますよ。

トイレで毎日、絶倫スクワット セックスの長続きが実現

Fさん　同世代のIさんは、どんなお悩みがありますか？

Iさん　僕も少し早くイッてしまうのが悩みです。持続力をつけるためには足を鍛えた方がいいのかなと思って、田淵さんに教えていただいた絶倫スクワットを実践しています。トイレに行ったときにやるようにして習慣づけたら、毎日続けられるようになりました。そうしたら、少しずつセックスが長続きするようになりました。

司会　Mさんは唯一、女性の参加ですね。今付き合っていらっしゃる方とのセックスはいかがですか？

Mさん　**今まで会った中で一番相性がいいんです。**

田淵さん　珍しいです。そういう人を手放しちゃダメですよ。僕の経験上、女優さんとの身体の相性だけでいうと、**ピタッとはまる人って50人に1人くらいですよ。**

Mさん　おー！　それは大事にしないとですね！

司会　その方と田淵さんのメソッドは試されましたか？

Mさん　なかなか言えないですよね。**女性から「これやって」って。恥ずかしいです。**

一同　ですよねー（笑）。

女性が最も重視するのはやっぱりコミュニケーションと清潔感

Mさん　でも、田淵さんの講習を受けていて、**田淵さんが「女性目線から見るとこういうものだよ」っておっしゃるお話は、女性から見ていつも当たっていますよね。**よくお話しされている「コミュニケーションと清潔感が何より大事」っていうのも、本当にその通りです。

田淵さん　AVの現場でも、女優さんとのコミュニケーションが欠かせませんからね。

Mさん　**心通い合う人が皆さん欲しいんだと思います。**子ども達に囲まれていても、自分の時間が一人だと寂しくなるし、不安になります。自分の時間を穴埋めできると、リフレッシュできて、いつもの生活も頑張れます。

司会　相手への不満などはありますか？

Mさん　不満は特にありません。**会う頻度は少ないですが、その方がお互い都合がよくて、続いているんだと思います。**向こうは妻子がいるんですが、奥さんがセックス好きじゃなくて、10年くらいしてないそうです。夫婦仲はいいみたいですけどね。私の方は、離婚してから10年経って、子どもたちも成長して接点が少なくなったときに、何となく心通じる人に会えたという感じです。

田淵さん　男優も、みんなセフレがいると思いますよ。仕事で作られたセックスを無理やりしているので、気の合う女性と好きなスタイルのセックスをして心をリセットしたいんです。

〆《しめ》クンニ、〆手マンは中高年の必殺ワザ 男性も気持ちよければ、思いっきり声を出す

司会　みなさん他にご質問はありますか？

Yさん　50歳を過ぎてから体力的に辛いときがあって、持続力も低下したので、途中で断念することがあるんです。そういうときは、どうしたらいいですか？

田淵さん　そういうときは、〆《しめ》クンニ、〆手マンをやってイカせてあげるといいですよ。**アフターフォローをしっかりして、女性に良い記憶を残してあげましょう。**もちろん、早くイッてしまったときも同じです。

Iさん　相手が愛撫《あいぶ》をくすぐったがるときは、どうしたらいいですか？

田淵さん　同じ場所を同じように愛撫しても、体温やコンディションによって女性の感じ方は変化します。**「いまはここじゃない」といったんあきらめて、次の部位に移るのもひとつの手。**感じるところを見つけてあげるんです。

Fさん　感じるところを聞くときは、聞こえるか聞こえないかの小さい声でささやくんですよね。**田淵さんに教えてもらったようにやってみたら、初めての相手でも、うまく聞き出すことができました。**

Mさん　そうですね。普通の声で聞かれても、女性は本音は言えません。「ここ？」って、ささやかれた方が、思わずうなずいちゃいますね。

田淵さん　声といえば、男の人も声を出した方が、女性は喜ぶんですよ。

Mさん　それ、ありますね。**男性も「気持ちいい！」って声を出してくれると嬉しいです。**あえぎ声も、エロチックに感じますよ。

田淵さん　女の子と同じでいいんですよ。「気持ちいい」とか「感じる」って素直に声に出せばいいんです。

コスプレはマンネリ解消の第一歩 手練《だ》れになれば屋外プレイも?!

司会　SMとかコスプレとか、アブノーマルなプレイを

してみたいという願望はありますか？

Iさん　**ラブホに入るとコスプレグッズが置いてあるので、たまに借りてやると気分が変わります。**

田淵さん　オススメはありますか？

Iさん　やっぱり制服系です。学生、婦人警官、CAとか。看護婦さんは地味で物足りなかったかな。本物の看護婦さんだったらいいんですけど。

一同　（笑）。

Tさん　以前、ダブル不倫をしていた女性がいまして、その人とソフトな縛りはしましたね。彼女もすごく興味持ってくれたんで、ホントに遊び心でね。毎回じゃなかったけど、お互い気持ちは高まりましたよ。年取って元気が無くなってきて、でも、頑張らにゃいかんというときに、**合意があれば他のことで趣向を凝らして、パートナーに喜んでもらうのはいいことだと思います。**

田淵さん　Mさんは、女性目線から見ていかがですか？

Mさん　私はノーマルがいいので、この本に書いてあるようなソフトな緊縛くらいが限度です。男性は興味半分で色々やりたくなるかもしれませんが、女性は好みが分かれるところだと思います。**ただ、好きな人に「これ、試させて〜」って、お願いされれば、頑張るかもしれませんね（笑）。**

田淵さん　女性は人によりますね。ホントに。ですから、とりあえず言ってみようという姿勢が大事。イエス・ノーは聞かなければわかりませんからね。

Tさん　**何かの記念日などのタイミングにお願いするといいですよ。「今日はこういうのやりたい」って。**

Mさん　さすがあ！

Iさん　Tさんは記念日に、どんな経験があるんですか？

Tさん　私の場合、野外でしようって逆にお願いされました。夜の公園とか。こっちの方がドキドキしちゃいました。

一同　えー!!

おわりに

本書を執筆するなかで最も楽しかったのは、それぞれの「手」に名前を付けていく作業でした。

できるだけ短く、それでいてひと目で内容が想像できるような名前。

言葉としての強さや、クスッと笑えるようなバカらしさも心がけました。

実際、名前を付けることで、僕が無意識に行なっていたことの意味が明確になり、意識に深く根付いた側面もあります。

「そうか、この手にはそういう意味があったのか」と。

僕は、この「おとな48手」で、30年間で培ってきたセックスのすべてをお伝えしています。1手から順番に試していただくもよし、気になる手だけを取り入れていただくのもまたよしです。

ただし、性の在り方は十人十色で、100%の正解はありません。

この48手も、ぜひあなたなりに改良し、上書きしていってほしいのです。それはやがて、この本には載っていない49手目へとつながっていくでしょう。

50手、51手、52手……。手の数が増えるたびに、何となく行ってきたセックスの行為ひとつひとつをより楽しみ、慈しめるようになるはずです。

そして、それは必ず相手に伝わります。

あなたが心からセックスを楽しめば、相手もまた楽しくなるのです。


そう、セックスは人を幸せにします。

セックスによって自信を回復し、優しくなれ、新しいことに挑戦する活力がわいてきます。

僕自身、セミナー講師、健康指導士、出会いサイトのプロデューサーなど、いくつもの肩書を持っています。俳優やウェブ番組のレギュラーなど、お声がかかればどこへでもホイホイ顔を出す、軽いフットワークが信条で、2019年には男優生活30周年記念イベントを開催し、その資金はクラウドファンディングで集めました。

そして今は、本書の執筆を手掛けています。

こうして、常に新しいことにチャレンジしていけるのも、僕が心からセックスを楽しめているからに他なりません。


「妻がフェザータッチに感激し、月イチセックスが週イチになりました」

「正常位のときに体を起こすだけで、全然疲れません。ゼロポジション、すごい！」

「絶倫スクワットを2週間続けたら、アソコの硬さが全然違うんです！」

セミナーの参加者からこんな話を聞かされるたびに、僕はうれしくてしかたがありません。

いつかあなたと出会うことができたら、そのときは、あなただけの「おとな48手」を教えてください。

お互いに頑張りましょう。心から応援しています。

田淵正浩

おとな48手
心と体にやさしいメソッド

発行日　2019年11月4日　第1刷
発行日　2021年12月6日　第3刷

著者　田淵正浩

本書プロジェクトチーム
編集統括　柿内尚文
編集担当　小林英史、菊地貴広
デザイン　菊池崇＋櫻井淳志（ドットスタジオ）
編集協力　石川守延、伊大知崇之
編集協力＆撮影　森モーリー鷹博
イラスト　オフィスりーぶる、POP CORN STUDIO
校正　東京出版サービスセンター
協力　株式会社愛信

営業統括　丸山敏生
営業推進　増尾友裕、綱脇愛、大原圭子、桐山敦子、矢部愛、寺内未来子
販売促進　池田孝一郎、石井耕平、熊切絵理、菊山清佳、吉村寿美子、矢橋寛子、遠藤真知子、森田真紀、氏家和佳子
プロモーション　山田美恵、藤野茉友、林屋成一郎
講演・マネジメント事業　斎藤和佳、志水公美

編集　栗田亘、村上芳子、大住兼正
メディア開発　池田剛、中山景、中村悟志、長野太介
管理部　八木宏之、早坂裕子、生越こずえ、名児耶美咲、金井昭彦
マネジメント　坂下毅
発行人　高橋克佳

発行所　株式会社アスコム

〒105-0003
東京都港区西新橋2-23-1　3東洋海事ビル
編集局　TEL：03-5425-6627
営業局　TEL：03-5425-6626　FAX：03-5425-6770

印刷・製本　株式会社光邦

Printed in Japan ISBN 978-4-7762-1059-7